ERNESTO
"CHE"
GUEVARA

ERNESTO "CHE" GUEVARA

por Pablo Morales Anguiano

Grupo Editorial Tomo, S.A. de C.V.
Nicolás San Juan 1043
03100 México, D.F.

1a. edición, octubre 2002.
2a. edición, diciembre 2003.
3a. edición, junio 2004.
5a. edición, febrero 2005.

©   Grupo Editorial Tomo, S.A. de C.V.
      Ernesto "Che" Guevara

©   2005, Grupo Editorial Tomo, S.A. de C.V.
      Nicolás San Juan 1043, Col. Del Valle
      03100 México, D.F.
      Tels. 5575-6615, 5575-8701 y 5575-0186
      Fax. 5575-6695
      http://www.grupotomo.com.mx
      ISBN: 970-666-544-7
      Miembro de la Cámara Nacional
      de la Industria Editorial No 2961

Proyecto: Juan Pablo Morales Anguiano
Diseño de Portada: Emigdio Guevara
Formación Tipográfica: Servicios Editoriales Aguirre, S.C.
Supervisor de producción: Leonardo Figueroa

Impreso en México - *Printed in Mexico*

Contenido

Introducción

Es difícil precisar si ha existido algún personaje de la historia que haya sido tan representativo en la ideología y rectitud revolucionarias como las que siempre caracterizaron a Ernesto el "Che" Guevara.

Su efigie ha sido el estandarte de muchos movimientos de protesta en el mundo, pero sobre todo en Latinoamérica; sus acciones han inspirado las causas más nobles así como también las más desesperadas.

El Che nació en Argentina, pero nunca pudo hacer nada por su país, él creía que el régimen socialista era el estado perfecto de cualquier nación y siempre luchó por esta causa. Era un hombre de los que dejan en el trayecto su vida con tal de poder demostrar su verdad.

Su calidad humana era incuestionable y la demostraba cada vez que la ocasión lo exigía, como médico y guerrillero. Durante los años de lucha, solía atender a los campesinos de la región donde se encontrara aunque eso significara reducir sus horas de descanso a menos de la mitad.

Era un hombre sumamente brillante y un estudioso incansable, se dice que cuando niño, si no entendía alguna cosa, le bastaba con una sola explicación; en la madurez, si desconocía algún tema, solía estudiar por largas horas hasta que saciaba su sed de conocimientos.

Su labor revolucionaria fue sumamente importante, ya que sin él difícilmente se hubiera alcanzado el éxito, pues era un gran estratega y líder. Tras la victoria de la revolución, su labor para con el pueblo cubano le ganó el cariño y la admiración de los habitantes de la bella isla del Caribe.

Su labor diplomática fue crucial para establecer el gobierno de la isla y lograr su total independencia del bloque socialista guiado por la URSS, además de lograr importantes acuerdos comerciales que beneficiaron de manera muy importante la economía de Cuba.

Su relación con Fidel Castro está llena de misterio. En sus inicios era todo "miel sobre hojuelas", pero con el paso del tiempo, la figura política del Che fue ganando mayor peso y valor, por lo que Fidel comenzó a experimentar una especie de celos, los cuales ocasionaron que Ernesto Guevara fuera enviado lejos de Cuba a cumplir diversas misiones diplomáticas.

Sus inquietas ilusiones de un país socialista en el cual pudiera el pueblo vivir completamente feliz y sin padecer cualquier carencia lo llevó a buscar en África un territorio que necesitara de su ayuda para despertar y combatir al imperialismo. Estas pretensiones le causaron múltiples decepciones.

Como jefe de familia siempre fue un padre cariñoso y preocupado por el futuro de sus hijos; contrajo matrimonio en dos ocasiones, pero a sus dos mujeres las dejó protegidas económicamente antes de desaparecer por un largo tiempo, nunca se olvidó de sus hijos y así lo demostró hasta el día en que murió.

Las páginas de la revolución en Bolivia son una muestra desesperada de la convicción del Che por sus ideales, ya que de no haber sido así, seguramente hubiera abandonado todo y regresado a Cuba, pero ese no era el Che.

Con su muerte se dio inicio a la más grande leyenda de un revolucionario en toda la historia de Latinoamérica. Su imagen es la perfecta representación de la firmeza de ideales, la convicción y el amor a los principios revolucionarios, dejando todo por seguir un sueño, y perder hasta la vida por crear un mundo mejor.

Hasta la victoria siempre... ¡Patria o muerte!

Ernesto "el Che" Guevara.

1

Nacimiento e infancia del Che

El día 14 de junio de 1928, en la ciudad de Rosario, Argentina, nació el niño Ernesto Guevara Serna, primomogénito de los orgullosos padres, Ernesto Guevara Lynch y Celia de la Serna, y quien más tarde sería hermano de cuatro hijos de la feliz pareja: Roberto, Celia, Ana María y Juan Martín.

Don Ernesto Guevara Lynch provenía de una de las pocas familias 100% "criollas", precedida por más de ocho generaciones, y aunque la abuela Lynch era norteamericana, provenía de una familia que había salido de Estados Unidos a principios del siglo XIX. El señor Guevara parece haber heredado a su hijo el carácter impaciente que identificaba al Che, ya que interrumpió sus estudios de arquitectura tras haber recibido el título de graduado.

Al parecer su salida de la universidad se debió a que estaba enamorado de Celia de la Serna, con quien contrajo matrimonio poco tiempo después. Su primera morada estaba ubicada en la ciudad de Rosario. Esta ciudad tenía una gran importancia en la Argentina de esos días, ya que incluso rivalizaba con la capital Buenos Aires; uno de los alicientes de esa importancia era la gran afluencia de inmigrantes italianos.

El momento social y económico en el que los Guevara llegan a la ciudad está marcado por el inicio del desarrollo industrial, aunque gran parte de la economía local todavía dependía de la agricultura. Don Ernesto Guevara pensó en instalar un molino hierbatero, para lo cual adquirió una enorme plantación de mate, hierba muy socorrida en Sudamérica para preparar infusiones, y se dedicó al negocio de la construcción.

Pero los negocios no pintarían muy bien, ya que cuando esperaban el nacimiento del Che, comenzó en Argentina un grave periodo de depresión económica ocasionado en parte por los sucesos políticos de aquel país, así que tuvo que abandonar el negocio de la construcción y se dedicó por completo a la plantación de mate. En 1930, los Guevara se separarían temporalmente, ya que la plantación estaba en la provincia de Misiones, por lo que Don Ernesto se tuvo que mudar a Caraguatí, población muy cercana a la plantación, mientras que Doña Celia y su hijo Ernesto se establecerían en la provincia contigua, Montecarlo.

Sin embargo, el éxito económico no llegaría y Don Ernesto renunció a sus proyectos, además de que consideraba que el entorno social que proporcionaba la plantación no era el adecuado para su familia, por lo que se mudaron a la localidad de San Isidro. Esta población era básicamente residencial y se situaba en los alrededores de la capital Argentina.

Al instalarse en su nuevo hogar, el pequeño Ernesto de apenas dos años de edad, cayó enfermo. Sufría de severas convulsiones y su respiración se tornó pesada, por lo que sus padres llamaron al doctor. Al llegar el galeno y contemplar los síntomas, no tuvo dificultad alguna para realizar su diagnostico: aquel niño sufría una grave crisis de asma.

Los Guevara tuvieron que mudarse de nuevo en busca de un clima benéfico para la salud de su primogénito. Su nueva residencia la establecieron en la ciudad de Alta Gracia en la provincia de Córdoba. Doña Celia sentía cierta predilección sobre Ernesto, cosa que nunca negó, ya que creía que su primogénito estaba en desventaja ante sus demás hijos.

Fotografía familiar de los Guevara, de izquierda a derecha: Ernesto, Celia, Ana María y Roberto.

Esta enfermedad sería la eterna compañera del Che y nunca lo abandonaría, ni siquiera en sus andanzas por Bolivia o la Revolución cubana. La importancia de esta enfermedad y sus repercusiones en su personalidad se inclinan por el lado maternal, ya que su madre lo llenaba de mimos para compensar de alguna manera el "defecto" de su hijo.

La infancia del Che

Debido al precario estado de salud del pequeño Ernesto, sus padres buscaron un nuevo lugar de residencia para lograr cierta mejoría en su estado físico. Los doctores les habían recomendado un clima seco y templado, por lo que escogieron la ciudad de Alta Gracia en la provincia de Córdoba.

En esta ciudad ocuparon una vieja casa de dos plantas, agrietada por todos lados y con abundantes goteras. En esta casa transcurriría su niñez y adolescencia, así como el nacimiento de sus hermanos. Las limitadas opciones educativas y sociales que prevalecían en Alta Gracia eran muy diferentes a lo que los Guevara deseaban, pero en cambio, sus hijos podían gozar del continuo contacto con la naturaleza.

El pequeño Ernesto gozaba desde los cinco o seis años de frecuentes paseos por los cerros vecinos y de sus interacciones con las personas de la zona, a quienes trataba de igual manera sin importarle la clase social o el apellido. Se piensa que fue en esa localidad donde comenzó a forjarse el carácter del Che. Sus correrías a través de la campiña le brindarían grandes beneficios a su salud.

Desde pequeño comenzó a mostrar su faceta de líder, ya que los pequeños que vivían cerca de su casa lo seguían y obedecían. Era un niño sumamente activo e ingenioso; las historias sobre la niñez del Che nos muestran a un niño despreocupado y muy travieso, tal es el caso de la anécdota cuando él y su hermano Roberto huyeron del hogar para ir a un viñedo a trabajar como peones, pero al tercer día tuvieron que regresar ya que sufrían de fuertes dolores estomacales debido a la gran cantidad de uvas que habían devorado.

Su educación escolar estuvo a cargo de su madre, debido a que no podía asistir a las escuelas públicas, así que en su hogar su madre se ocupó de enseñarle todo lo concerniente al plan escolar para los niños de su edad. La falta de roce con los demás niños de su edad en la escuela trajo algunos desajustes en la personalidad del Che. Según sus amigos era una persona sumamente perfeccionista y sufría graves decepciones cuando sus planes no resultaban como él lo deseaba.

Según testimonios de personas que lo conocieron desde pequeño, el Che era sumamente introvertido y muy huraño, quizá porque era mucho más inteligente que los demás niños de su edad. Cuando no entendía algo le bastaba una sola explicación para comprenderlo. En 1940, cuando contaba con doce años de edad, fue inscrito en el "*Colegio Nacional Deán Funes*". En esta institución académica asistían los hijos de la burguesía acomodada y estaba situado en la capital Argentina.

Ahí, su vida da un cambio radical. El colegio queda a treinta kilómetros de su hogar, distancia que tiene que recorrer diariamente, además de que los trabajos escolares le exigían mucha dedicación por lo que los juegos y los paseos que solía dar eran asunto del pasado. Sin embargo, toda la energía que dedicaba para sus aventuras encontró un nuevo cause: el deporte.

Las actividades deportivas fueron una válvula de escape para todas las presiones y preocupaciones del joven; deportes como la natación y el campismo se volvieron su afición principal, pero descubriría en el fútbol una de sus más grandes pasiones; su posición favorita era la de guardameta. Pero esta afición duraría poco ya que comenzó a practicar el rugby, y su posición era la de medio-scrum, ya que su complexión y fortaleza física le brindaban grandes ventajas, mostrando aptitudes excepcionales para este deporte.

Sin embargo, sus estudios eran su prioridad, y aunque no era un estudiante muy brillante su inteligencia y rapidez mental lo sacaban de aprietos en las etapas de exámenes. Su gran afición seguía siendo la lectura y ahora con mayor madurez podía comprender textos más profundos dejando de lado a Julio Verne, Mark Twain o Alejandro Dumas. Su gran pasión por la lectura le ayudó mucho en el estudio del francés; su madre fue la encargada de inculcarle el gusto por este idioma.

El interés de la madre del Che para que aprendiera ese idioma en especial obedecía a que los vínculos con su hijo se estaban debilitando por la llegada de la adolescencia y todos los cambios que acarrea, pero además el francés era el idioma oficial, por así decirlo, de la clase alta Argentina y Doña Celia lo dominaba a la perfección. El Che tenía muchas aptitudes para el aprendizaje de este idioma, llegando a perfeccionarlo de tal manera que sostenía largas conversaciones con su madre en francés.

Diversas causas orillaron a cambios domiciliarios de la familia hasta que por fin se asentaron en la capital, y en 1943 el joven Ernesto Guevara logró ser parte de un equipo de rugby que militaba en la segunda división; el nombre de este equipo era *Club Altaya*; pero la situación económica de la familia era deplorable por lo que consiguió un puesto en el gobierno, era funcionario municipal en la Vialidad de Villa María, muy cerca de la capital, y aunque sus ingresos eran muy bajos, resultaban una benéfica ayuda al mantenimiento de la familia.

Es muy importante resaltar un suceso que aconteció en sus años de infancia en Alta Gracia, ya que una familia de origen español que había huido de su país debido a la Guerra Civil llegó a sus vidas. El padre, la cabeza de la familia y ferviente republicano, se había quedado en España. La familia Guevara ofreció su desinteresada ayuda a los españoles, y a los pocos días los niños comenzaron a convivir y sostener una amistad, siendo la mejor amiga del Che una niña de nombre Carmen.

Es durante sus pláticas infantiles cuando comienzan a girar en su cabeza los temas políticos, pues se encuentra por primera vez con temas como la guerra. Su interés fue creciendo así como sus conocimientos sobre el tema, llegando a abstraerse por largo tiempo en la contemplación de semejantes problemas. La actitud y reflexión del Che sobre ese tópico no correspondían a los de un niño de su edad, lo cual nos da una idea del desarrollo mental y el grado de madurez que tenía Ernesto Guevara desde pequeño. Es posible que en esos momentos se haya sembrado la semilla política en la mente de aquel pequeño, desarrollando un perfil político y de valores que lo acompañarían por el resto de sus días.

El despertar a las ideas políticas

Argentina comenzó a sufrir una difícil transformación política y social a raíz del golpe de estado con el que se derrocó al presidente Castillo. Los nuevos aspirantes a gobernar el país tenían serias inclinaciones pro-nazis, por lo que su ascenso al poder causó el resquebrajamiento de varios sectores sociales y productivos. Sin embargo, se estaban calentando los ánimos, ya que la liga antifascista *Acción Argentina* había comenzado a atacar al nuevo gobierno, condenando sus ideales políticos.

En 1945 se llevarían a cabo las elecciones, suceso que llenaba de ánimo al pueblo argentino; el peronismo estaba incontenible. Este ambiente era mucho más marcado en el hogar de la familia Guevara, pues los padres del joven Ernesto eran fervientes partidarios de la *UD* (Unión Democrática) antifascista; este partido era el resultado de un pacto entre los partidos socialistas, comunistas, la derecha democrática de radicales y los demócratas progresistas.

Ernesto contaba con 17 años de edad en ese entonces y no tenía derecho a ejercer el voto. En cuanto al clima político en torno a la familia se mantenía un poco ajeno y se dedicaba a observar y analizar todos los movimientos y comentarios de sus padres y amigos, llegando a absorber aquellos ideales que eran la base de la formación política familiar.

A partir de 1940 se destararon varios sucesos de vital importancia en el mundo, y Argentina no era la excepción, ya que las ideas socialistas estaban ganando terreno entre la sociedad. Sus inicios se dieron al final del siglo XIX con la adición del proletariado de Río de la Plata a la *Primera Internacional* en 1948, y poco tiempo después se unió Uruguay; a estos dos países se les conoce como los "Países del Plata".

A partir de ese suceso se dio una gran expansión industrial, pero las condiciones económicas y sociales de ambos países no eran óptimas para el desarrollo que estaban experimentando, y por consecuencia los empleos no podían ser estables; era muy común en ese tiempo que un obrero saliera de su fábrica y se pusiera a trabajar en el campo desarrollando sus actividades agrícolas.

Otro grave problema era el incesante flujo de inmigrantes, lo que llegó a ocasionar una excesiva demanda de mano de obra, suceso benéfico para los patrones que aprovechando la escasez de empleos imponían inhumanas jornadas de trabajo de hasta doce horas con una paga ridícula. Esta situación provocó movimientos sociales que derivaron en la creación de organizaciones de resistencia que abarcaban casi todas las ocupaciones y oficios, desde los panaderos hasta los tipógrafos. Estas sociedades de resistencia publicaban pequeños folletos de protesta —generalmente de ideología anarquista— y los hacían imprimir en castellano y en italiano debido a la gran afluencia de inmigrantes de esta nacionalidad.

Perón llegaría al poder auxiliado por las pretensiones nacionalistas de las clases populares del país gaucho, dejando de lado las ilusiones de la familia Guevara. Esta decepción quedaría grabada en la mente y memoria del joven Ernesto Guevara, quien adoptaría una postura de insatisfacción ante la militancia política a diferencia de su familia.

En cuanto a la vida social de Ernesto el Che Guevara, podemos decir que era normal, incluso formó parte de una pandilla llamada *La Malagueña*, nombrada así en honor a la finca donde solían realizar sus reuniones y que era propiedad de uno de los padres de los integrantes de la pandilla. Los integrantes de la pandilla pertenecían a las más altas esferas sociales de Córdoba, y todo parece indicar que el Che se encontraba muy contento en compañía de sus "compinches", a pesar de su carácter bohemio y su descuidada apariencia, la cual contrastaba fuertemente con la de sus adinerados camaradas.

Ernesto y su pandilla "La malagueña", el Che se encuentra al centro en la fila delantera.

2

La juventud del Che

A raíz del ascenso de Perón al poder, el joven Ernesto se declaró antiperonista, sin mostrar nada que dejara entrever las ideas que lo llevarían a convertirse en una leyenda; es más, podríamos decir que era antiperonista por moda, ya que en esos días era lo que se acostumbraba entre la clase acomodada. Aunque debemos destacar que estas ideas estaban muy lejanas a las ideas comunistas que serían la bandera política del Che.

Es durante este periodo cuando el Che conoce a una de las personas que serían fundamentales en el desarrollo de su futuro. Cuando contaba con trece años, su amigo y compañero de escuela Tomás Granados pidió que lo acompañara a la delegación de policía pues su hermano, Alberto Granados, había sido arrestado en una manifestación organizada por los estudiantes antiperonistas. En aquel encuentro se daría el inicio de una amistad que con el paso del tiempo se convertiría en algo más parecido a una hermandad que a un gran compañerismo.

Alberto Granados tenía veinte años de edad y era estudiante de la carrera de Medicina cuando vio por primera vez al Che, militante del movimiento estudiantil reformista el cual pretendía modificar el sistema político siguiendo las enseñanzas de Gandhi, es decir, utilizando sólo medios pacíficos.

En el año de 1947, el Che se graduó del bachillerato a los diecinueve años y había llegado el momento de escoger la profesión que sería su medio de vida en el futuro; es en ese momento cuando su elección sorprende a la familia y allegados, ya que Ernesto decidiría estudiar Medicina. La familia se mudaría otra vez, ahora su nueva residencia sería Buenos Aires, en el barrio de Palermo.

En este punto se especula mucho qué motivos habrán llevado al Che a escoger esta carrera ya que le atraía mucho la abogacía, algunos de sus biógrafos afirman que escogió la Medicina debido a su enfermedad, pero lo más lógico sería que debido a la influencia de Alberto Granados se haya inclinado a dejar el derecho de lado y haya abrazado la que sería su profesión. Se dice que también bajo la influencia de Granados es que el Che convenció a su padre para que se mudaran a la capital.

Son mínimos los registros que quedan sobre el aprovechamiento del joven Ernesto en su carrera, así como tampoco existen noticias de que en la facultad mostrara algún ideal político distinto al antiperonismo. El Che logró conseguir un puesto en el gobierno municipal, ya que debido a la escueta economía familiar tenía que trabajar para ayudar con el sostenimiento de la familia.

Su gran curiosidad y los conocimientos que iba adquiriendo sobre el cuerpo humano, sus enfermedades y posibles curas, lo llevaron a probar suerte como inventor. Sus múltiples ideas sobre remedios milagrosos eran la respuesta para poder salir de la miseria que lo aquejaba, pero todos sus esfuerzos fracasaron.

Las muchas facetas del Che

El primer contacto del Che con la prensa se debió a su gran desempeño deportivo. Cuando contaba con veintiún años de edad se entusiasmó por el velomotor, así que se dio a la tarea de hacerse de un pequeño motor el cual adaptaría a su bicicleta, logrando así tener un vehículo que desarrollaba la asombrosa velocidad de 35 kilómetros por hora.

Aquel vehículo no era muy veloz, pero aun así al intrépido **Ernesto Guevara** no le importaba y se dio a la tarea de recorrer en menos de nueve semanas la cantidad de 4,000 kilómetros a través de doce provincias de Argentina. La casa distribuidora del motor que había utilizado el Che estaba impresionada por la hazaña de aquel joven y utilizó fotografías del viaje con fines publicitarios. En el año de 1950 una revista deportiva realizó un reportaje sobre la travesía del joven Guevara.

El Che gustaba de las fiestas, la música y el baile, aunque no era un tipo extrovertido sino más bien un joven callado y reservado. Sus aptitudes para esas actividades no eran muy destacadas, y nos atreveríamos a decir que realmente era una nulidad.

El Che durante sus años de juventud realizó una afamada travesía, en esta gráfica podemos apreciar cómo lucía en su bicicleta.

Tenía dos aficiones que le apasionaban: la fotografía y el ajedrez. Su naturaleza analítica y agilidad mental le hacían un adversario de respeto en el juego de mesa, y sus dones de gran estratega le facilitaban el planear el juego de tal manera que envolvía a sus contrarios y los sorprendía de la manera más inesperada.

En cuanto a su vida amorosa podemos decir que era bastante tranquila. Se conoce la historia de su primer amor, se trataba de una amiga de su prima, una muchachita de nombre María del Carmen Ferreira a quien amorosamente le habían apodado "Chichina". Esta señorita provenía de una de las familias más acaudaladas de Córdoba.

La residencia de la familia de "Chichina" era realmente majestuosa, contaba con todos los lujos que uno se pudiera imaginar: canchas de tenis y polo, alberca y varios establos entre otras cosas. El Che y el padre de "Chichina" tendrían marcadas diferencias, ya que el señor Ferreira era un importante personaje de la sociedad y tenía mucho poder, mismo que había conseguido basado en corrupción y represión.

Cierta vez el Che logró introducirse a la residencia de la familia de "Chichina"; sorprendente fue la cara del padre al ver aquel guiñapo de apariencia desaliñada, vestido con un pantalón deshilachado, ajustado a la cintura con un cordel, zapatos que parecían de un agricultor recién salido de sus labores y cabellos algo más que descuidados.

Aquel encuentro sería memorable, ya que al encontrarse el joven Guevara frente al señor Ferreira, soltó desde lo más hondo de sus entrañas todas sus creencias e ideales políticos, sin dejar de mencionar las injusticias que sufrían las clases menos privilegiadas. Por supuesto que estas declaraciones fueron totalmente desagradables para el potentado argentino.

La relación entre los jóvenes duraría poco más de diez años, pero el desenlace fue un duro golpe para el Che, pues "Chichina", quien estaba acostumbrada a un estilo de vida que seguramente no le podría ofrecer aquel joven médico que se encontraba en un campo de leprosos en medio de la selva, no pudo enfrentarse a sus padres y marcharse con Ernesto, así que dio por terminada su relación.

Aquel rompimiento alimentó el odio de Ernesto por la clase feudal. Este rencor lo llevó a tomar drásticas medidas para lograr su eliminación, la mayoría de ellas basadas en métodos crueles y despiadados. A raíz de su separación de "Chichina", Ernesto deseaba salir de Argentina y viajar por el mundo, quizá este deseo se debía más a un afán de autodescubrimiento que a un vano intento de alejarse de la mujer que tanto dolor le había causado.

La huella de esta relación permanecería en el Che por el resto de sus días, acentuando su marcado gusto por la vida bohemia, los tangos, la soledad y el mate.

3

Comienza la
aventura de los viajes

El primer viaje

El episodio de la vida del Che en el que se dedicó a viajar en compañía de su amigo Alberto Granados, es una pieza fundamental en el rompecabezas de la personalidad del líder y guerrillero, pues las vivencias adquiridas le brindaron las bases de lo que sería su pensamiento político así como las motivaciones para llevar a cabo sus deseos revolucionarios.

Es por eso que resultaría imperdonable omitir estas experiencias y sus consecuencias, así que nos daremos a la tarea de hacer un recuento de sus viajes y aventuras. Los dos aventureros, una especie de modernos *Don Quijote y Sancho Panza* haciendo mundo a bordo de su motocicleta (*Rocinante*) preparándose para luchar contra los molinos de viento y rescatar a *Dulcinea*. Así pues, demos inicio al relato de los viajes del Che y su "escudero" Granados.

El estudiante de medicina Ernesto Guevara estaba por concluir sus estudios, bastante entusiasmado con la investigación de enfermedades alérgicas, y además seguía con su trabajo en el gobierno municipal que tanto detestaba porque le quitaba tiempo precioso que podría dedicar a sus investigaciones. Sin embargo, todas estas actividades y entorno le provocaban una especie de hastío, por lo que en su mente sólo existía una idea: salir de allí lo más pronto posible.

Recordemos que en años anteriores conoció a Alberto Granados, de quien se hizo amigo íntimo; este joven terminó sus estudios de farmacología y bioquímica en el año de 1945. Para 1951 trabajaba en una leprosería muy lejana a la ciudad de Córdoba, y en un encuentro casual con el Che estuvieron discutiendo sobre las enfermedades alérgicas y de la piel, todas estas pláticas se fueron intensificando y haciendo más regulares hasta que casi se veían a diario.

En 1951 la amistad ya había tomado forma, y sus pláticas desembocaron en un deseo común: salir de Argentina y conocer el resto del continente para conocer varias leproserías y centros de investigación de enfermedades de la piel. El Che no había terminado sus estudios y parecía que esto iba a impedir que realizaran sus viajes, pero a fin de cuentas poco le importó a Ernesto Guevara y se marchó.

Entre 1951 y 1955 Ernesto Guevara comenzó un periodo de viajes por el continente. El primero de sus destinos fue compartido por su gran amigo Alberto Granados: Estados Unidos. Permanecerían en ese país por más de diez meses para luego partir de regreso a su natal Argentina.

Pero la aventura los llevaría a lugares que sólo habían imaginado, el siguiente destino sería Rapa-Uni, lejana isla del Pacífico. Sus planes eran salir de Buenos Aires el 29 de diciembre de 1951 y cruzar los Andes montados en motocicleta para llegara a Chile, donde abordarían un barco que los llevaría a las islas de Pascua.

Llegado el día salieron de sus hogares y comenzaron la odisea, al llegar a Chile planeaban arribar a la ciudad de Valparaíso donde buscarían a los integrantes de *La Sociedad de Amigos de la Isla de Pascua* y así poder concertar una visita a la leprosería de Rapa-Uni. Pero el viaje comenzaría de mala manera, pues tras cincuenta y seis días de travesía la motocicleta sufrió una seria avería, por lo que como pudieron lograron llegar a la ciudad de Santiago.

En aquella ciudad chilena continuaron las malas noticias y los impedimentos se empeñaban en impedir que se cumplieran sus deseos, así que el plan principal de viajar a la Isla del Pacífico es desechado. Los aventureros deciden entonces viajar hacia el Norte, y cruzan la frontera entre Chile y Perú; su situación económica se fue deteriorando por lo que tuvieron que trabajar en diversos empleos tales como: albañil, marinero e incluso ejercen su profesión.

Al llegar a la ciudad de Lima se aproximan a Machu-Picchu, ya que Ernesto era un gran apasionado de la arqueología, pero factores tan diversos como la altura le ocasionan un grave ataque de asma, por lo que Alberto es ahora quien decide el siguiente destino, irían a la población de Iquitos donde había una leprosería que deseaba visitar. Viajaron hacia el Norte hasta que llegaron a la esperada leprosería de San Pablo.

En ese lugar pusieron más atención en el objetivo primordial de su viaje, el estudio de las enfermedades de la piel, o mejor dicho, la lepra. Pero el ambiente tan deprimente del campamento hace que los dos aventureros se olviden del aspecto médico de su visita y ponen más énfasis en el contacto humano. Es el mismo Granados quien comentó que habían realizado una especie de psicoterapia con la finalidad de borrar momentáneamente de la mente de los enfermos el terrible sufrimiento al que estaban condenados.

A mediados del año de 1952 llega el momento de salir de allí, por lo que los enfermos les ayudan a construir una balsa de troncos a la que llamaron "Mambo-Tango" y partieron por el Amazonas hacia la población de Leticia, Colombia. Al llegar a ese país tuvieron serias dificultades con la policía, pues su apariencia era la de dos vagabundos que además carecían de dinero y papeles migratorios.

Estuvieron a punto de ser encarcelados pero lograron conseguir un permiso temporal para permanecer en el país por setenta y dos horas, tiempo que aprovechan para llegar hasta Bogotá y de allí a la frontera de Venezuela. En la antes mencionada población colombiana aconteció un curio-

Los enfermos del leprosário les ayudaron a construir una balsa de troncos a la que llamaron "Mambo-Tango", en la que pretendían llegar a Colombia.

so suceso, ya que tuvieron que convertirse en futbolistas debido a los pocos recursos económicos que poseían.

Su desempeño no era muy brillante, pues tenían serias deficiencias técnicas en ese deporte, pero el hambre hace milagros y lograron ganar el campeonato para el equipo en el que militaban, lo que les ayudó a conseguir un viaje en avión hasta Bogotá, donde después de cruzar la frontera de Cúcuta lograron llegara hasta Venezuela.

En la capital de este país había una generosa oferta de empleo para el amigo Alberto, quien se desempeñaría en el laboratorio de un hospital para leprosos. Es en ese momento cuando el Che decide que debían separarse y así podría regresar a Argentina a concluir sus estudios y poder regresar a Venezuela a trabajar al lado de su amigo, el único problema era cómo salir de allí.

La providencia parecía tener constante vigilancia sobre el joven Guevara, ya que un amigo de su familia ofreció conseguirle un lugar en un avión que transportaba caballos de carreras, y aunque el viaje resultaría largo, cansado, incómodo y un poco complicado, era lo único que tenía así que lo aceptó. Aquel avión tardaría un poco más de un mes en llegar a la capital argentina.

El itinerario era: Caracas, Miami, Maracaibo y Buenos Aires, pero un problema con el trato comercial de los caballos lo obligó a pasar en Miami varios días, los cuales aprovechó para conocer esa ciudad que le dejaría profundamente impactado por su majestuosidad. Considerando las condiciones de vida que había presenciado, ahora se encontraban en el paraíso.

Con este pasaje se cierra la historia de los primeros viajes del Che por el continente; ahora conocía en carne propia las deplorables condiciones que enfrentaban la mayoría de los pueblos que consideraba hermanos. Este sufrimiento le dejaría una herida abierta en la conciencia y el corazón, herida que ayudaría a cimentar los ideales humanitarios de la lucha del joven Ernesto Guevara.

El interludio

Después de su primer viaje viene un periodo de aproximadamente un año en el que en la mente de Ernesto Guevara sólo existía la idea de terminar sus estudios para poder proseguir con su vida aventurera. Otro de los motivos por el cual deseaba terminar con sus estudios lo más pronto posible era que se iban a reformar los planes de estudios para introducir algunas materias, entre las cuales se podía contar una que tocaba temas ideológicos, políticos y sociales sobre el justicialismo.

Por lo que poniendo todo su empeño y dedicación logró algo que muy rara vez es visto en alguna escuela, mucho menos en una universidad y en la carrera de medicina, terminó doce asignaturas en menos de un año. Todo este tiempo se dedicaba a estudiar y trabajar como asistente médico de un doctor de apellido Pisani.

En 1953 todo se encontraba listo para iniciar su segunda travesía, por lo que su familia organizó una enorme fiesta. Su madre le repetía hasta el cansancio: "cuídate Ernestito, cuídate", pues sabía que debido al carácter aventurero de su hijo era difícil pensar en su regreso, además de que presentía que su hijo tenía un importante destino que cumplir.

Al día siguiente, el doctor en medicina Ernesto Guevara partía en tren acompañado de su amigo el "canica" Ferrer con rumbo a Bolivia; se marchaba de su tierra natal para no regresar mas que en una ocasión, y fue un regreso casi clandestino que tenía como finalidad reunirse con el presidente argentino Frondizi. Se convertiría en un extranjero y posteriormente en cubano.

El segundo viaje

Al regresar a su país, el Che logra terminar sus estudios al aprobar las doce asignaturas que estaba cursando, además de que presenta una tesis sobre las enfermedades alérgicas. Este trabajo fue supervisado por el Dr. Salvador Pisani, el desarrollo de su trabajo fue impecable debido a la experiencia que había adquirido en sus viajes, además de que él mismo padecía una afección de este tipo.

Su tesis le valió el Doctorado, ya tenía el título en sus manos, y había llegado la hora de decidir qué era lo que quería para su futuro, por lo que su primer impulso es viajar a Venezuela a reunirse con su amigo Alberto Granados. Esta vez lo acompañaría en su viaje un amigo al que los chicos del barrio apodaban el "canica" Ferrer; juntos llegarían hasta la ciudad de La Paz en Bolivia.

Hablemos un poco de la situación política, económica y social de Bolivia en el año en que fue visitada por el Che. Bolivia tiene una extensión territorial de 1,098,581 kilómetros cuadrados, y la economía sigue siendo encabezada por las actividades agrícolas, pero la riqueza de las entrañas de sus tierras le brindaban ricos yacimientos de estaño por lo que era el punto central de múltiples disputas.

El presidente entonces era Víctor Paz Estensoro, quien el año de 1952 había logrado el sufragio universal y prometía nacionalizar importantes instituciones de producción nacional. Es en ese entorno que hace su llegada a este país el joven Ernesto Guevara, entablando una muy buena amistad con un grupo de argentinos exiliados por su militancia antiperonista.

Las múltiples reuniones con ellos se realizaban en el humilde domicilio de Isaías Nogues, y ahí también conoció a Ricardo Rojo. El Che frecuentaría regularmente a éste último, entablando largas conversaciones sobre la visión política de ambos, aunque Ernesto le parecía un bicho raro pues no estaba muy interesado en la lucha política mientras que el abogado era un ferviente antiperonista y muy activo políticamente.

El viaje continuó con un nuevo miembro, ahora eran tres: El Che, Ferrer y Rojo; partieron hacia Venezuela para reunirse con Granados, pero la distancia que los separaba aún era bastante considerable, debían cruzar Perú de Sur a Norte. Tras abordar un autobús repleto de indios bolivianos y peruanos, lograron llegar a Cuzco, su destino final era la ciudad de Lima, pero el interés arqueológico del Che los hizo quedarse un tiempo en Cuzco.

En ese lugar se separaron temporalmente pues Rojo continuó el viaje solo, pero habían acordado reunirse en Lima, así que tras una corta estancia los dos amigos viajan a Lima donde se reúnen con el abogado argentino.

El viaje hacia Ecuador se reanuda y se dirigen hacia Guayaquil desde donde piensan cruzar hasta Colombia y llegar a Venezuela. Es en esta ciudad ecuatoriana donde el número de aventureros cambia de tres a seis, ya que se les unirían Andro Herrero, "Gualo" García y Oscar Valdovinos, todos ellos argentinos.

Pero debido a problemas con sus papeles no lograron tramitar la documentación que les permitiría entrar a Colombia, además de que el valle de Tolima estaba invadido por las guerrillas y el ejército estaba siendo movilizado por toda la zona. Pero la mano de Salvador Allende se ofreció a ayudar a los aventureros al otorgarles una recomendación para un colaborador suyo en Guayaquil.

Este hecho afortunado les permite conseguir un buque frutero y llegar hasta Panamá, pero para poder cruzar deben hacerlo de dos en dos, así que deciden echarlo a la suerte y los primeros serían Rojo y Valdovinos, seguidos por el Che y García, y por último Herrero y Ferrer. Pero el destino decidiría otra cosa, pues Herrero optó por regresar a Argentina y Ferrer se quedó a especular con bienes inmobiliarios, por lo que el número de aventureros se redujo a cuatro. El destino del Dr. Ernesto Guevara estaba por sufrir un drástico cambio sin siquiera sospechar la importancia de la decisión que estaban por tomar.

El abogado argentino Ricardo Rojo le sugiere al Che la posibilidad de viajar a Guatemala a apoyar las ilusiones del pueblo de un mejor futuro gracias al recién llegado gobierno encabezado por Jacobo Arbenz. El Che decide acompañar a Rojo hacia Guatemala, aunque no está realmente convencido. Los traslados en pares habían comenzado no sin antes ponerse de acuerdo en encontrarse en Panamá, pero este encuentro no se realizaría.

El Che y García continuaron su camino hasta Nicaragua cruzando por Costa Rica, este trayecto lo realizaron de "aventón", pues las finanzas del grupo habían alcanzado niveles alarmantes. En Nicaragua, y gracias al azar, se encontraron con Rojo quien ahora estaba acompañado por nuevos integrantes del grupo de aventureros, pero lo mejor de todo es que ahora contaban con un auto.

4

El destino llama: Guatemala

El grupo llega a Guatemala

Los integrantes del grupo llegaron a San José, Costa Rica en noviembre de 1953. Al comenzar el siguiente año conocieron a varios cubanos que fueron parte del "ejército" que había protagonizado "el asalto a Moncada"; sostuvieron largas pláticas con venezolanos que huían de los horrores de su país, además de una amplia gama de personas que estaban involucradas en la política de sus países y que habían tenido que abandonarlo todo.

Estos encuentros fortalecieron en el Che la dudosa decisión de ir hasta Guatemala. Lo que más lo había impactado eran las historias de los cubanos que bajo el mando de un tal Fidel Castro habían participado en aquella incursión. No podía creer que Batista fuera como lo relataban aquellos desdichados, pero el futuro le tendría reservada una sorpresa en lo que a Cuba se refiere.

El Che y Rojo hacen el viaje hasta la capital de Guatemala en autobús, y al llegar se instalan en la célebre pensión de refugiados de la Quinta Avenida donde acrecientan su criterio con los relatos de más refugiados, principalmente se relacionan con miembros del *A.P.R.A.* (Alianza Popular Revolucionaria Americana), la cual fue fundada en el año de 1924 por Víctor Raúl Haya de la Torre.

Entre los refugiados cubanos encontró a una mujer de origen peruano que lo acompañaría en muchas batallas, su nombre era Hilda Gadea. Esta mujer había ocupado el cargo de secretaria del gabinete de prensa del A.P.R.A., sin embargo, en la ciudad de Guatemala se desempeñaba como trabajadora de la Secretaría de Fomento de la Producción. Los frecuentes encuentros entre Hilda y Ernesto hicieron nacer entre ellos el amor, el cual fue coronado meses después con la llegada de un bebé; se trataba de una niña a la que llamarían Hilda, como su madre.

Los enamorados permanecerían juntos hasta el inicio de la guerrilla cubana, aunque durante el tiempo que duró la estancia del Che en Guatemala, Hilda permaneció a su lado todo el tiempo, ayudándolo a conseguir trabajo y abriéndole las puertas de la política subterránea de ese país, poniéndolo en contacto con toda suerte de refugiados.

Pero hablemos un poco de la Guatemala que encontró el Che al llegar. El poder acababa de ser asumido por Jacobo Arbenz, cuyas primeras acciones al frente del país incluyeron una profunda reforma agraria en la que expropió cerca de siete millones de hectáreas a la compañía norteamericana *United Fruit Company* para repartirlas entre los campesinos que no poseían tierras para trabajar.

La compañía norteamericana iba a ser sacudida por una nueva expropiación en 1954, pues le fueron confiscadas cinco millones más para beneficio de ciento veinticinco mil familias; estos movimientos molestaron fuertemente a los Estados Unidos, quienes acusaron al presidente guatemalteco de instaurar un régimen comunista, para acto seguido formar, con la ayuda de la *CIA* (Agencia Central de Inteligencia) cuerpos de guerrilleros que con la ayuda de miembros de la derecha de ese país tomaron Guatemala tiempo después.

Poco antes de la invasión norteamericana, el presidente Arbenz sabía que en su país se encontraba el cuartel general de la *CIA*, así que expulsa a todos los agentes y a unos reporteros de la misma nacionalidad, pero sus problemas incluían a la iglesia católica y también expulsa a un sacerdote. Sin embargo, el papel del Che tomaría relevancia.

Durante una junta de la *Juventud Revolucionaria* planteó la idea de dar armas a todos los campesinos, pero su plan fue ignorado. El pueblo guatemalteco, así como sus organizaciones políticas, tenían en el ejército todas sus esperanzas y confianza. La *CIA* había puesto sus ojos en Ernesto Guevara y habían estado preparando un atentado para asesinarlo, pero un empleado de la embajada argentina de nombre Nicanor Sánchez Toranzo se enteró del complot y dio aviso a la futura víctima logrando con esto salvarle la vida.

Sánchez Toranzo convenció al Che para que se refugiara en la embajada, pues el presidente de Guatemala ya se había rendido y no lucharía más. La invasión se produjo poco tiempo después; los mercenarios que la realizaron habían sido pagados por la *American Fruit Company*; la invasión comenzó el 18 de junio de 1954, y nueve días después todo había acabado. Se cree que esa compañía norteamericana sólo era un frente legal para la *CIA*.

El Che había estado analizando sus posibles opciones y decidió que la mejor de todas era partir hacia México, por lo que pidió un salvoconducto que le permitiera llegar a dicho país con vida y seguro. En México se encontraban muchos de los refugiados cubanos que había conocido tiempo atrás y que esperaban ansiosos la liberación de Fidel Castro.

Su partida hacia México fue en tren y acompañado por un miembro del *Partido Guatemalteco del Trabajo* cuyo nombre era Julio Roberto Cáceres, a quien apodaban "el patojo". Con el paso del tiempo estos dos hombres sentirían un gran afecto el uno por el otro.

5

México

En la capital

A su llegada al Distrito Federal, la capital de México, fue gratamente acogido por los refugiados que en ese país vivían, además de que entre ellos había una persona que tenía un interés más personal en la llegada del Che, se trataba de la mujer con la que había sostenido un tórrido romance en Guatemala: Hilda Onfalia Gadea.

Al llegar a México tuvo que buscar la manera de ganarse la vida, por lo que él y su amigo "el patojo" invirtieron el poco dinero que tenían en comprar una cámara fotográfica para vender a un precio ridículo sus fotografías. Tiempo después se asociaron con un mexicano que tenía un laboratorio fotográfico y en ese lugar revelaban sus placas.

La vida en México era difícil pero la compañía de Hilda le hacía más pasaderos sus malos ratos pues ya vivían juntos en un domicilio de la colonia Nápoles que compartían con "el patojo". Además, estaba por ser padre de Hildita. Al nacer el fruto de su amor deciden contraer nupcias, pero no existen pruebas de que hayan realizado alguna ceremonia.

A partir de ese momento, la vida del Che pareció alejarse de los ideales revolucionarios, ya que la necesidad de sostener una familia le hacían pensar tan sólo en llevar dinero a su hogar. Pero el destino se encargaría de volver a ponerlo en el camino correcto.

Múltiples influencias harían mella en él, por ejemplo, su decepción de la revolución mexicana, pues después de presenciar el desfile del 1 de mayo le comunica a Rojo que va a abandonar el país, pues no soporta vivir en un lugar donde los revolucionarios se han convertido en títeres y burócratas.

Durante ese periodo el Che comenzó a asistir regularmente al Hotel Imperial en la ciudad de México; en ese lugar se llevaban a cabo las reuniones políticas clandestinas de los refugiados en ese país. Uno de los más importantes personajes que conocería en Guatemala y volvería a ver en el país azteca era Raúl Castro, hermano de Fidel.

Estos dos hombres llegarían a sostener una sólida relación amistosa, tan era así que Raúl fue el padrino en la boda de Ernesto e Hilda. La ideología de los cubanos dejaría una profunda impresión en el Che, ya que la fuerza que emanaba de ellos era sorprendente y más aun su plan para derrocar a Batista.

El presidente cubano tenía serios problemas en su país así como con los Estados Unidos, y en un intento por solventar esas dificultades lanza una ley de amnistía que sería aprobada el marzo de 1955.

La liberación de Fidel Castro es ahora inminente y sería sólo cuestión de tiempo para que sucediera, por lo que al salir de prisión es advertido que tiene que dejar el país inmediatamente, así que viaja a la ciudad de México. En la capital del país azteca se comenzó a fraguar el golpe de estado contra Batista.

Pero los hechos darían un vuelco inesperado, pues justo en esos días se daría la caída de Perón, por lo que Ricardo Rojo —quien se encontraba en Estados Unidos—, regresa apresuradamente a buscar al Che para que viaje con él a Argentina y le reserva un lugar en el avión militar que habría de llevarlos a su país natal, pero Ernesto se arrepiente en el último momento.

Rojo y su familia eran muy cercanos a Frondizi, quien era un antiperonista muy destacado, además de que significaba para el amigo del Che una muy buena posibilidad de conseguir un alto puesto en el nuevo gobierno argentino, pero la negativa de Guevara se debía a que pensaba que aunque llegara Frondizi al poder nada sería diferente en su país, mientras que en Cuba se estaba fraguando un movimiento que tenía mucho mayor importancia.

Es en estos momentos cuando podemos apreciar ya a un Ernesto Guevara declarado comunista, aunque no se puede denotar con precisión el momento exacto de su conversión, pero sin duda, el tiempo que pasó en Guatemala hizo que comenzara a madurar en él la idea de combatir al imperialismo con las armas y de tomar un papel importante en esta lucha.

Comentamos que en ese país se dio el cambio en él debido a que, según los cometarios del propio Ricardo Rojo, durante su estancia en Bolivia no existían en él señales de tendencias marxistas, es más, ni siquiera se mostraba interesado en demasía en la política.

Ernesto Guevara y su pequeña hija Hildita.

6

Fidel Castro

Para poder entender muchos de los sucesos que estaban por venir, es necesario conocer un poco a Fidel Castro, ya que la importancia de este hombre en la vida del Che sería definitiva, pues es bajo su mano que Ernesto se inicia en la lucha armada que daría como resultado la Cuba de nuestros días, aunque en ese tiempo el ideal político fuera muy diferente a la realidad actual.

El señor Ángel Castro Argiz, campesino de origen español, se dedicaba al negocio de los aserraderos con gran éxito, por lo que era considerado un hombre de una cuantiosa fortuna. Había contraído matrimonio en dos ocasiones, con su primera esposa tuvo dos hijos: Lía y Pedro. Con su segunda esposa, una mujer de nombre Lina Ruz tuvo cinco: Ángela, Ramón, Fidel, Raúl y Juana.

El 13 de agosto de 1926, en la hacienda de Biran, nacería Fidel Castro Ruz. Cuando llegó al mundo nadie hubiera pensado el importante papel que ocuparía en la historia. Durante su niñez era un chiquillo normal que gozaba de buena salud y pasaba divertidos momentos haciendo batallar a los curas y sacerdotes de su región.

Su familia, era sumamente religiosa, seguidores de la iglesia católica inculcaron en el pequeño Fidel sus creencias; como parte de su desarrollo fue inscrito en una escuela de la misma religión en la ciudad de Santiago de Cuba para cursar la primera parte de su educación; tiempo después pasó al *Colegio de la Salle* para terminar con los Jesuitas, donde completó su formación escolar.

Durante sus años de juventud en el colegio jesuita, Fidel ya demostraba sus grandes dotes de mando y liderazgo, pues que se dedicaba a organizar los juegos deportivos entre sus compañeros. El joven Castro era un gran deportista y destacaba en varias disciplinas, por ejemplo: béisbol, carreras de distancia y la pelota vasca.

Se distinguía entre sus compañeros por sus excelentes calificaciones, y años más tarde, fue nombrado presidente de la *Asociación de Estudiantes de la Habana*. Cuando terminó la educación media y tuvo que asistir a la Universidad, optó por la carrera de Derecho.

En el año de 1948 contrajo nupcias con una estudiante de filosofía cuyo nombre era Mirtha Díez con quien poco tiempo después procreó un hijo al que nombraron Fidel. En 1950 abrió un bufete jurídico, pero era completamente gratuito y se dedicaba a ayudar a todos aquellos que tenían problemas legales y no podían pagar un abogado.

El ascenso de Batista al poder en el año de 1952 marcó un cambio en la vida de Fidel, ya que se dedicó a intentar derrocarlo desde el tribunal de Garantías Constitucionales, pues alegaba que su ascenso había sido anticonstitucional además de que pedía que fuera sentenciado a cien años de confinamiento carcelario.

Una fecha importante: 26 de julio de 1953

En una granja de Siboney se realizó una reunión clandestina con el fin de apoderarse del *Cuartel de Moncada*, el cual era la segunda gran fortaleza de Cuba. Sumaban en total ciento cincuenta hombres y habían pasado más de un año tratando de armar un arsenal de importancia para su causa.

El levantamiento se realizaría durante las celebraciones del carnaval para aprovechar que la guardia seguramente estaría de licencia o descansando, pensaban que al lograr tomar la fortaleza toda Cuba se les uniría y derrocarían a Batista.

El avance se había organizado de tal manera que llegarían en varios vehículos, el primero de ellos iba comandado por Abel Santamaría y Fidel en el segundo, pero la caravana fue sorprendida por una patrulla del ejército que abrió fuego contra ellos causando la muerte a Santamaría, mientras que Castro fue llevado preso.

El proceso en contra de Fidel se abrió el día 21 de septiembre, y gracias a su gran aptitud como abogado logró

Fidel Castro el día de su liberación.

defenderse a sí mismo por más de cinco horas, tras lo cual pudo salvarse de ser fusilado, no obstante fue condenado a quince años de cárcel, para lo que fue llevado a la isla de los Pinos donde permaneció siete meses en una celda sin poder salir.

En ese tiempo fue azotado por las calamidades, su esposa desesperada le pidió el divorcio, mientras que su cuñado había sido nombrado ministro del gobierno de Batista. A partir de este momento la vida de Fidel se unió a la del Che, y como ya mencionamos antes, Fidel fue beneficiado por una amnistía que lanzó Batista en un intento de mejorar la situación interna del país, por lo que viaja a México y se reúne con sus colaboradores, Ernesto Guevara y señora.

El encuentro histórico

Poco tiempo después del nacimiento de su hija Hilda, el Che logró acomodarse como vendedor de libros del *Fondo de Cultura Económica* gracias a la ayuda de su compatriota Arnaldo Orfilda, quien fungía como editor de esa firma editorial. Gracias a este empleo, tuvo acceso a mucho material literario sobre el marxismo, leninismo, estrategia militar y demás temas que le interesaban.

Sin embargo, además de ese trabajo, el Che no descuidaría su formación como guerrillero, la que recibía de manos del coronel Ernesto Bayo, un exiliado cubano que había luchado en la guerra civil española y autor de un libro llamado *150 preguntas a un guerrillero*. En el país azteca había logrado adquirir una granja de nombre *Santa Rosa* en la que habían sido empleados varios refugiados cubanos; el mismo Bayo fingiría ser un maestro de inglés.

La granja era la cubierta perfecta para aquella escuela de guerrilleros, en la que el Che era un destacado estudiante por lo que muy pronto tomaría el papel de líder. Todos acudían con el pretexto de tomar clases de inglés. Pero la felicidad en la granja iba ser interrumpida por la llegada de la policía federal, alguien había dado aviso a las autoridades y habían ordenado el registro de aquella propiedad.

Todos los "estudiantes" fueron arrestados y duraron poco más de un mes en su encierro. Es muy posible que la presión ejercida por los militantes del grupo de refugiados cubanos haya logrado liberar a sus compañeros; otra posibilidad es que la simpatía que el pueblo mexicano siempre ha sentido por el pueblo cubano haya hecho pensar al gobierno mexicano que no representaban amenaza alguna para la seguridad nacional.

Sin embargo, el Che había sido condenado a salir del país, y aunque se desconocen los detalles, logró escapar y reunirse con el resto de sus compañeros; al ser liberado el resto de los refugiados cubanos se restablecieron los entrenamientos, pero esta vez de manera más discreta y en varios grupos, intentando con esto, no llamar la atención de las autoridades.

El hermano de Fidel, Raúl, fue el encargado de hablarle al futuro dictador cubano acerca de un argentino que lo tenía gratamente impresionado, por lo que organizó un encuentro entre estos dos gigantes de la historia. Esto sucedió el mes de julio de 1955 en la calle de Emparán número 49, colonia Guerrero, en la capital mexicana.

El encuentro se dio en un clima de camaradería y sencillez, con la más completa ausencia de protagonismos ridículos y con una gran afluencia de ideas políticas, por lo que los dos hombres se identificaron de inmediato, agregándose a la lista de los participantes del movimiento revolucionario cubano el nombre de: Ernesto Guevara de la Serna.

En la habitación que ocupaban los hermanos Castro en el Hotel Imperial se llevaban a cabo las reuniones del grupo guerrillero para poner a punto el plan de invadir la isla de Cuba. El movimiento comenzó a delegar responsabilidades en la persona del Che, ya que fue nombrado el encargado de la preparación física del grupo.

El momento de entrar en acción había llegado, el 25 de noviembre de 1956 salen con rumbo a la isla de Cuba los ochenta y dos hombres al mando de Fidel, todos ellos armados hasta los dientes a bordo del destartalado yate *Granma*.

Este "navío" cobró un gran simbolismo con el triunfo de la revolución cubana, pero en esos momentos era realmente una tortura, pues era demasiado lento, se bamboleaba espantosamente, le entraba agua por todas partes y, por si esto fuera poco, la bomba para desaguar el interior del barco simplemente no funcionaba.

La embarcación salió del puerto de Tuxpan, y el plan era arribar a Niquero el 30 de noviembre, pero el accidentado trayecto hizo que la embarcación se retrasara hasta el 2 de diciembre; la idea de llegar el 30 se debía a que los grupos de rebeldes en Cuba iban a realizar varias acciones para poder distraer al ejército de la llegada de los rebeldes provenientes de México.

La llegada a la costa fue igual de desastrosa que el viaje, ya que no tocaron las playa suavemente como debía haber sido, sino que tuvieron que encallar y al hacerlo perdieron gran parte del material que necesitaban para su lucha, y para cuando se produjo el desembarco ya había sido localizada la posición de los rebeldes por las tropas de Batista.

Con la llegada del contingente a Cuba se comenzaría a escribir la leyenda del Che Guevara, ya que al pisar las tierras por las que estaba dispuesto a dejar la vida se llenaba de ilusiones su mente, el coraje y las ganas de comenzar a luchar se regodeaban en su sangre. No obstante, su papel en la revolución no sería tan importante como el que jugaría en la política de aquel país.

Hasta este momento el intento de rebelión se hallaba condenado al fracaso debido al accidentado viaje y a la falta de sincronía con los grupos del interior de la isla, pero la genialidad del Che y la capacidad de Fidel Castro iban a ser demostradas durante el tiempo que duraría la revolución, llevando al movimiento a un desenlace inesperado para las tropas de Batista, pero no para los decididos guerrilleros que iban en pos de una vida mejor para el pueblo cubano.

El difícil camino hacia la victoria

La "invasión" —por llamarla de alguna manera— había dado inicio pero el fracaso de la primera fase era inminente, ya que al llegar a la costa, las tropas de Batista ya los estaban esperando así como la fuerza aérea, por lo que el desembarco da como resultado muchas bajas por parte de los rebeldes, y los que lograron sobrevivir habían sido capturados y encarcelados.

De los ochenta y dos hombres que habían llegado, sólo lograron escapar doce de ellos, entre los que estaban Ernesto Guevara, Camilo Cienfuegos, Raúl Castro, Almeida, Calixto García, Universo Sánchez, Fidel Castro y cuatro más. El plan a seguir estaba muy presente en la mente del Che:

La primera etapa se definirá por una serie de rápidos ataques; la segunda realizará una estabilización del territorio conquistado, ganando a los campesinos de la región como un elemento de respuesta de la guerrilla; la tercera y última será un ataque frontal y descubierto que llevará a nuestros hombres a tomar las ciudades principales.

Durante el desarrollo de la primera etapa del plan, Ernesto ejercía como médico en la recién formada *Guerrilla de Sierra Maestra*; su desempeño profesional estaba dedicado a los guerrilleros y campesinos de la zona, quienes significaban más trabajo que los mismos guerrilleros. Esta atención se debía más a la calidad humana de Guevara, que a un interés por beneficiar a la causa.

Sin embargo, tal y como era el plan de acción, se desataron rápidamente varios hechos bélicos, comenzando por la navidad de 1956, ya que aprovechan este periodo para reagruparse y curar a los enfermos y heridos, así como establecer los siguientes pasos que habían de dar.

Comienzan las hostilidades, y el 17 de enero de 1957 se produce la primera victoria de la guerrilla al atacar un cuartel cercano a la orilla del río de la Plata; este triunfo les permite hacerse de un gran número de armas, provisiones y medicamentos, levantando importantemente el ánimo del grupo.

Cinco días después atacaron a un destacamento del ejército en el llamado *Arroyo del Diablo*; el ataque fue sorpresivo y con saldo blanco por parte de la guerrilla, no siendo así en el lado del ejército que sufrió cinco bajas; el enemigo al verse sorprendido emprendió la huida, la motivación de los guerrilleros creció enormemente pues habían hecho huir a un enemigo mucho más numeroso y mejor preparado que ellos.

El número de combatientes se estaba incrementando y era necesario darles el adiestramiento pertinente a los nuevos reclutas; esta tarea quedó a cargo del Che, sumándose esta nueva asignación a las que ya ejercía como médico y guerrillero. Los días de 28 y 29 de mayo logran otro importante triunfo en la batalla de Uvero; en esta batalla le causaron al ejército más de cuarenta bajas, sin embargo los guerrilleros también recibieron bajas: seis muertos y nueve heridos.

La anterior victoria ya fue atribuida al *Ejército de Liberación*, y es en ese momento cuando se crean varias "columnas" para potenciar el poder de la guerrilla, los encargados serian: Raúl Castro, Camilo Cienfuegos, Juan Almeida y Ernesto el Che Guevara. La primera columna era comandada por Fidel, mientras que la cuarta era de Ernesto.

Las múltiples victorias del *Ejército de Liberación* ponen a temblar al ejército cubano, por lo que Batista comienza a planear la manera de acabar con esta amenaza. A finales del año de 1957 se puede dar por concluida la primera etapa del plan de acción fijado por el grupo guerrillero, ya que

Fidel Castro y algunos combatientes del *Ejército de Liberación*.

dejaron de ser un pequeño contingente armado para convertirse en un ejército.

El *Ejército de Liberación* domina un pequeño territorio y realiza una importante labor de reorganización y reclutamiento que lo dejaría mucho más fuerte que antes. Sin embargo, Batista había comenzado a realizar sus movimientos con el fin de acabar con el *Ejército de Liberación*.

La ofensiva gubernamental ordenó el desplazamiento de doce mil soldados perfectamente armados y con la orden irrevocable de aplastar a los 300 miembros de la "amenaza" para el régimen. El enfrentamiento se prolongaría por más de dos meses y la mayoría de los combates se realizaron en la zona de Las Mercedes.

Sin embargo, la estrategia adoptada por el *Ejército de Liberación* hacía mucho más difícil el trabajo de las tropas de Batista, ya que se dispersaron por varios puntos estratégicos haciendo que las tropas asignaran hombres a dicho lugares logrando con esto debilitarlas.

El 20 de julio sería un día glorioso para los rebeldes, ya que Batista emprende la retirada después de recibir más de veinte mil bajas, dejando atrás armamento y provisiones que serían recogidos por el jubiloso ejército de rebeldes. Con este movimiento se da por terminada la segunda etapa del plan de acción, dando inicio a la tercera en la que comenzarían los ataques frontales de las tropas rebeldes.

En la batalla definitiva los protagonistas serian Cienfuegos y el Che, quienes se apoderan de Santa Clara donde perpetrarían el célebre asalto al tren blindado, dejando a Batista casi en la lona, sin recursos. Las ciudades más importantes se encontraban ahora bajo el control del *Ejército de Liberación*, y tenían que dar el último y definitivo paso, avanzar hacia la capital.

La gloriosa fecha para la Revolución cubana había llegado, el 3 de enero de 1959 entraban en la Habana tras haber deshabilitado puntos clave de la defensa de Batista. Paulatinamente los soldados del gobierno se van rindiendo mientras que Fidel se presenta en varios puntos de la isla pronunciando importantes discursos sobre el triunfo de la revolución.

El 4 de enero ya se había nombrado un presidente provisional y al siguiente día, cinco países latinoamericanos ya habían dado su reconocimiento al nuevo gobierno. Manuel Urrutia, quien se desempeñaba como Juez de la Suprema Corte es quien toma el cargo de presidente de la isla. El día 7 de enero se daría un hecho que tomaría mucha importancia con el paso de los años, ya que ese día los Estados Unidos reconocían al nuevo gobierno.

Para el día 8 de enero, Fidel Castro hace su entrada triunfal en la Habana, donde asume las funciones de Primer Ministro y anuncia sus primeras medidas en el cargo. En ese momento cambiaría la vida de los guerrilleros, pues dejaban las armas para concentrarse en la vida política de

Cuba; es importante mencionar que, por lo menos al principio, el trabajo de político le resultaba bastante desagradable y fastidioso al Che.

La vida del Che sería todo lo que él detestaba, levantarse temprano, estar atado a un horario y la fastidiosa rutina diaria, pero el destino lo seguiría llevando por caminos que él mismo desconocía. El 27 de enero comienza a darse a

Al Che le resultaba fastidiosa la labor política, por lo que era común el verlo trabajando junto al pueblo en sus labores diarias.

notar ante la opinión pública, pues en uno de los locales de una organización llamada *Nuestro Tiempo* pronunció un memorable discurso en el que anunciaba la ejecución de una muy completa reforma agraria.

Batista había cavado su propia tumba, los excesos de su gobierno y la brutalidad con la que lo ejercía hicieron que el mismo pueblo le volteara la espalda y diera su apoyo a la guerrilla, pero el mérito no es tan sólo del gobernante cubano, sino también la maestría con la que se llevaron a cabo todas las acciones militares del *Ejército de Liberación*.

Fue en Cuba donde el Che aprendió y constató el poder de la guerrilla, desarrolló sus dones de estratega y líder militar, escribiendo con victorias las primeras páginas de su leyenda. La revolución costó la vida de más de mil cubanos, entre soldados, civiles y guerrilleros.

7

El mandatario, Che Guevara

Un revolucionario cubano-argentino

l 6 de enero de 1959 es el día que marcó la entrada de Fidel Castro en la Habana. Las calles hervían de entusiasmo y el ambiente era de fiesta; la intervención de Ernesto Guevara fue fundamental para el triunfo de la Revolución, así como para él Cuba sería la primera de sus preocupaciones en cuanto al tema social, pues deseaba mejorar el nivel de vida del pueblo cubano.

Sin embargo, la fiesta tenía que terminar y el júbilo debía ser reemplazado por el trabajo. Tenían la difícil tarea de reconstruir las ruinas que Batista había abandonado. Estamos hablando de que la economía cubana en tiempos de la Revolución estaba basada en las actividades agrícolas y controladas por los intereses capitalistas norteamericanos.

El Che recibió la visita de sus familiares de Argentina y los llevó a conocer el país; ahora vivía acompañado de una compañera de lucha cuyo nombre era Aleida March, quien no se separaba de él en todo el día. Sin embargo, era el momento indicado para que los guerrilleros dejaran de lado las armas y se pusieran a trabajar a favor de un país severamente afectado por la pobreza.

Fidel se reunió con su hermano y con el Che para decidir cuál sería el régimen político que debían adoptar, por lo que decidieron que la mejor opción era el régimen socialista, y allí mismo se distribuyeron las obligaciones; por lo que toca al Ernesto, fue encargado de las tropas y debería hacer una minuciosa selección de elementos del ejército de Batista para lograr hacer un único cuerpo armado.

Le fue otorgada la ciudadanía cubana gracias a un decreto del 9 de febrero de 1959; sus ideas y planes de acción ya habían tomado forma, por lo que aprovechó la mano de obra del ejército para lograr echar a andar sus proyectos. Fue un proceso de aprendizaje social y político en el que los tres personajes principales habían de darse cuenta de la importancia de la economía.

El Che se entregó al estudio de miles de informes de economía, se empapó en la materia, devoró reportes del Banco Monetario Internacional, del Departamento de Comercio de Estados Unidos, así como los reportes dejados por el régimen anterior. Se preparó para afrontar el proceso de transformación económica del país, la transformación del régimen capitalista al socialista.

Pero su avidez de conocimientos, así como las largas jornadas de trabajo y estudio, dieron como resultado un grave ataque de asma, por lo que se vio forzado a viajar en compañía de Aleida Mach a Playa Tarará, donde podría dedicarse a descansar tal y como lo había prescrito el médico.

En ese tiempo, Castro viaja a Estados Unidos, donde intentaría ganar adeptos para su causa, no sólo en el pueblo sino también en los miembros del gobierno norteamericano, ya que su movimiento había sido etiquetado de comunista, además de que era necesario lograr la ayuda económica que el país necesitaba. Cerró su visita con un memorable discurso en Central Park, en el que se dirigió a todo el pueblo norteamericano.

De ese país viajó a la República Argentina donde lanzó el reto a los Estados Unidos para que le prestaran una eficaz ayuda económica, además de que la asamblea estaba analizando el desarrollo económico de los países latinoamericanos.

Pero la realidad de la ayuda norteamericana era muy negativa, por lo que a la llegada de Castro, el Che se reunió con él y le comunicó sus dudas al respecto, pues para que les fuera otorgada era necesario que abandonaran el plan revolucionario, pero los integrantes del movimiento se mostrarían sumamente renuentes a ello.

El día 17 de mayo se daría inicio a la verdadera reestructuración del sistema político y social de Cuba, ya que en esa fecha se creó el *INRA* (Instituto Nacional de Reforma Agraria) y se lanzó la promulgación de la nueva Ley de Reforma Agraria. Estos hechos hicieron estallar en cólera al gobierno norteamericano, declarando la ruptura de las relaciones comerciales y diplomáticas entre ambos países.

El 2 de junio, el Che contrajo nupcias con Aleida Mach, no sin antes asegurar la vida material de Hilda y su pequeña hija, para después ser enviado por Castro en una misión de estado al Medio y Lejano Oriente, con el propósito de intentar establecer relaciones comerciales con esos países y tratar de venderles el producto de exportación más común del pueblo cubano: el azúcar.

La importancia política que había logrado el Che ante el pueblo cubano fue el motivo principal de que fuera enviado por Castro en esa misión, ya que su popularidad estaba creciendo de manera alarmante para el futuro dictador cubano, y quizá también estaba celoso de su compañero de armas.

La comitiva estaba integrada por el comandante Guevara, "el patojo", José Pardo, Omar Fernández, Salvador Vilaseca, Francisco García y el teniente Argudín; todos ellos hicieron una breve escala en la ciudad española de Madrid para salir con rumbo a El Cairo donde pasaron seis días, de allí partieron a la India, Nueva Delhi, Indonesia y Japón, para regresar a Cuba el 7 de septiembre.

Los muchos puestos del Che

Cuando Fidel regresó a Cuba de su viaje por Estados Unidos y Argentina, anunció al Che que se haría cargo del de-

Esta fotografía corresponde al periodo postrevolucionario en el que derrocaron a Batista, aquí el Che ya era presidente del Banco Nacional de Cuba.

partamento industrial del INRA. Poco tiempo después el mismo Ernesto se hizo nombrar Ministro de Industria, esto sucedió en el lapso cuando la industria comenzaba a ser absorbida por el nuevo gobierno.

Poco más de un mes después de sus primeros nombramientos, el Che fue ascendido a un puesto con una responsabilidad mucho mayor, pues ahora era Director del Banco Nacional, pero antes de ocupar este puesto ya se había hecho cargo de los asuntos de Gobernación, Obras Públicas y Comercio Exterior e Interior, entre otros.

Por lo que en el año de 1962 ya controlaba el Ministerio de Relaciones Exteriores y las actividades de la Policía Política, pero estaba consciente de que desconocía muchas cosas en cuanto al trabajo de un gobierno se refiere, por lo que dedicaba muchas horas al estudio de cada materia que necesitaba para ejercer su poder con responsabilidad y justicia.

Un día de trabajo del Che comenzaba a las diez de la mañana para dirigirse a tomar sus clases de vuelo en el Campo Aéreo de Columbia; cerca del medio día se dirigía a las oficinas del INRA donde disfrutaba su almuerzo y tomaba clases de economía por más de dos horas; saliendo de allí se dirigía al Banco Nacional donde recibía y atendía pendientes hasta cerca de las seis de la mañana.

Gracias a este itinerario podemos darnos cuenta de las ganas y empuje del Che para con el pueblo cubano; trabajaba de sol a sol sin quejarse u holgazanear, esto nos puede dar un perfil del por qué el pueblo cubano lo tenía en tan alta estima.

8

El polifacético Che Guevara

U na nueva misión internacional fue encargada al Che, esta vez viajaría a Checoslovaquia, la URSS, China Popular, Alemania Oriental y Corea del Norte acompañado de la comitiva habitual. Estas visitas tenían el propósito de ampliar las relaciones comerciales de Cuba y cerrar tratos con esos países, a lo que siguieron intercambios culturales.

En la Unión Soviética logró vender más de tres millones de azúcar, además de que la URSS cerraría un trato para proveer a la isla de aquellas mercancías que era imposible conseguir por los medios habituales.

El acercamiento con Rusia traería muchas ventajas económicas para Cuba, esto sucedió el año de 1960 con la llegada a la isla de Anastas Mikoyan, quien se desempeñaba como Ministro de Asuntos Exteriores de la URSS. Esta visita fue aprovechada por el nuevo gobierno para lograr lo que no pudieron realizar con los Estados Unidos: una generosa ayuda económica.

Sin embargo, el entrono mundial estaba sufriendo severos cambios, sobre todo entre Estados Unidos, la URSS y Cuba, todo esto encabezado por Nikita Krushev y Eisenhower, quienes se encontraban estancados en un diálogo sobre la desestalinización del bloque comunista, y la pequeña isla de Cuba sería la manzana de la discordia entre los dos gigantes de la economía mundial.

La Unión Soviética estaba enterada de las operaciones de espionaje aéreo por parte del gobierno norteamericano

Fotografía aérea de las operaciones rusas en Cuba, en ellas se pueden apreciar los misíles que tanto temieron los norteamericanos.

y había dado un fuerte aviso a este país, pero lo que sin duda hizo que se desbordara en ira el presidente norteamericano fue el apoyo tecnológico y la instalación de una base de mísiles en la isla.

Se desataron varios sucesos que incrementaron la tensión entre estos tres países, ya que los Estados Unidos declararon un bloqueo a las relaciones comerciales con la isla, además de un boicot al petróleo ruso que se encontraba en las refinerías cubanas de empresas norteamericanas, a lo que Cuba respondió con el anuncio de la intención de expropiar la compañía petrolera Shell en ese país.

La situación estaba tomando tintes alarmantes, ya que los Estados Unidos seguían en su empeño por destruir al nuevo régimen cubano y lanzaron la propuesta de una generosa ayuda económica a los países latinoamericanos, pero Fidel se encargaría de echar por tierra esta propuesta al declarar que esa ayuda era tan sólo un engaño.

La intervención rusa en Cuba era considerada una amenaza por los norteamericanos, por lo que la OEA lo anuncia desde San José de Costa Rica, pero Cuba no se quedaría con los brazos cruzados y lanza el primer comunicado internacional desde la Habana en el que declara que el pueblo cubano condena la declaración de la OEA, ya que está manipulada por los tiranos capitalistas y atentaba contra la soberanía nacional y la dignidad del resto de los países del Continente.

Los Estados Unidos adoptarían una postura mucho más rígida, pues decretaron un bloqueo general a las relaciones

Ernesto Guevara y Nikita Krushev.

comerciales con Cuba. No obstante, la CIA ya estaba preparando una invasión armada a la isla que pesaría desde la administración de Eisenhower hasta la de Kennedy. El nuevo presidente norteamericano aceptó el plan de la Agencia Central de Inteligencia y se produjo la invasión de Bahía de Cochinos.

La invasión norteamericana

El recién electo presidente John Fitzgerald Kennedy recibió por parte de su antecesor, Eisenhower, el legado de una problemática sumamente complicada entre la URSS, Estados Unidos y Cuba. Tan sólo 17 días antes de asumir el poder de su país se habían roto las relaciones económicas y comerciales con la isla.

La llegada de Kennedy al poder significaba una esperanza para el gobierno cubano, ya que pensaban que con él al frente podrían salir beneficiadas las relaciones entre ambos países. La llegada de Ricardo Rojo a la isla, proveniente de Nueva York, traía las noticias frescas sobre el clima que se respiraba en el país del Norte con respecto a Cuba.

La visita de Rojo fue motivo de una gran alegría para el Che, quien no había olvidado las aventuras que habían corrido juntos. Una vez tranquilo, le preguntó al visitante sobre la opinión que tenían los norteamericanos de Cuba, a lo que respondió que del gobierno de la isla esperaban lo peor, además de que significaban el puente para una invasión o ataque soviético sobre ese país.

Kennedy mostraba tener una mente abierta al diálogo y muy buena voluntad, pero los hechos demostraban otra cosa ya que en la Habana se tenían noticias detalladas sobre el plan de la CIA para invadir Cuba. En Guatemala se estaban adiestrando a varios grupos de mercenarios, por lo que el Che no creía en la buena voluntad del presidente norteamericano.

Comienza la invasión

Estados Unidos había logrado infiltrar a varios elementos anticastristas, por lo que habían llegado a la Habana noticias de nuevos grupos guerrilleros en la provincia de las villas, sólo que estos cuerpos eran enemigos del régimen de Castro. El ambiente en Cuba era sumamente denso y lleno de tensión, además de que la prensa norteamericana se había encargado de difundir la noticia de que había más de cinco mil hombres entrenados y bien equipados que esperaban la orden para comenzar la invasión de Cuba.

El Che sabía que aquellas noticias no eran sino exageraciones destinadas a desestabilizar e intimidar al régimen castrista, por lo que creía que los hombres armados de los que hablaban los periódicos no eran más de doscientos, pero recordaba que ellos mismos habían sido sólo doce y no iba a subestimarlos, por lo que ordenó que el ejército se diera a la tarea de peinar el país hasta encontrarlos, pero no pudieron encontrar a nadie.

El siguiente paso fue entrenar a los campesinos para que pudieran hacer frente a la amenaza que se cernía sobre el país. El Che estaba desesperado porque se produjera cuanto antes el desembarco norteamericano, ya que la producción agrícola había disminuido notablemente.

Playa Girón

Finalmente llegaría el enemigo el día 17 de abril de 1961. Llegaron a la isla más de mil mercenarios bien armados y apoyados por artillería ligera. Aquel desembarco debía ser protegido por aviones bombarderos norteamericanos que decorados como aviones cubanos simularían ser rebeldes sublevados contra Castro, pero en uno de los más estúpidos errores de la historia bélica del mundo, los aviones no llegaron.

Los bombarderos norteamericanos debían despegar de un portaviones cercano a la isla, pero una grave equivocación del comandante puso en jaque toda la operación pues no tuvo en cuenta el cambio de horario de Estados Unidos con respecto de Playa Girón, Cuba. Olvidó adelantar su reloj una hora para poder estar sincronizado con las fuerzas invasoras dejándolas en el desamparo total al llegar a la costa de la isla.

Al desembarcarse los mercenarios fueron recibidos con un tupido fuego por parte de los elementos de las fuerzas castristas, que apoyados por su fuerza aérea y las distintas unidades de artillería y blindados lograron poner en serios aprietos al enemigo.

Tras la fallida invasión lograron escapar poco menos de doscientos hombres, mientras que mil de ellos habían caído en el enfrentamiento o fueron capturados. Esta captura fue aprovechada por Fidel, quien le propuso a los Estados Unidos la venta de sus hombres; los Estados Unidos no tenían otra opción mas que la de pagar el rescate de sus hombres, por lo que Cuba se benefició grandemente de este hecho.

Esta acción militar le brindó la oportunidad al Che de abandonar las oficinas y la burocracia para regresar a lo que más le gustaba: las armas, las batallas y la aventura. Pero en sus nuevas correrías saldría herido nuevamente. No obstante, esta vez ya no tenía el sabor del miedo en los labios, sino el de la victoria.

9

Un embajador revolucionario

La labor del Che como embajador de la revolución es bastante amplia y fructífera. En el primero de sus via-viajes, en 1961, visitó a Punta del Este en Uruguay con el propósito de estudiar la propuesta del presidente norteamericano John F. Kennedy, en la que se pretendía que los países latinoamericanos fueran provistos de ayuda económica y tecnológica; pero esta propuesta tenía sus bemoles, pues estaba condicionada a que todo el pueblo gozara de los beneficios de esta ayuda y no sólo las clases oligárquicas.

Aquella iniciativa tenía como propósito el recuperar la influencia sobre Latinoamérica que los Estados Unidos habían perdido con la fallida invasión de Bahía de Cochinos y Cuba no iba a desaprovechar la oportunidad de restablecer las relaciones con ese país. Otro de los propósitos de Castro era el de entrar en contacto con dos países que no tenían relaciones con su país: Brasil y Argentina.

Estos dos países estaban gobernados por presidentes progresistas, se trataba de Quadros y Frondizi, por lo que Castro envió a su hombre más calificado para esa tarea: el polifacético Che Guevara. El embajador cubano había avisado a sus padres de su visita con el fin de reunirse en la ciudad uruguaya de Montevideo, ya que no los había visto desde hacía ocho años.

La llegada del Che a esta ciudad levantó una gran movilización policíaca, ya que se dieron bastantes manifestaciones de apoyo hacia el país del Caribe; mientras tanto, Ernesto comenzó a trabajar con una energía inasequible, sin importarle siquiera sus ataques de asma. En sus discursos no atacó a los Estados Unidos como todos esperaban, pero esto tenía su razón de ser.

Los presidentes de Argentina y Brasil estaban interesados en reunirse con él, pero debía ser de manera secreta, pues ambos dignatarios tenían miedo de las represalias por parte de los Estados Unidos. El 18 de agosto de 1961, una avioneta llevó al Che y su comitiva hasta la residencia del presidente argentino situada en los Olivos.

Aquella reunión se prolongó por más de una hora y en ella ambos hombres expusieron sus puntos de vista; el Che abogaba por el régimen cubano y expresaba su repudio por las inversiones extranjeras que se iban a realizar en esos países, mientras que Frondizi le advertía que no iban a tolerar que Cuba se integrara al Pacto de Varsovia.

El Che le expuso al presidente argentino las ventajas de formar parte del bloque socialista informándole que cuando se ayudaban entre ellos no se ponía en peligro la soberanía nacional, pero que cuando los Estados Unidos brindan su ayuda siempre piden algo a cambio y con grandes intereses.

Frondizi respondió que su inquietud era que Cuba retomara paulatinamente el sistema democrático, pero el Che le respondió que su gobierno no daría ni un paso atrás, y aunque la reunión no dio grandes logros, la relación entre los dos países sería cordial. Esta sería la última vez que Guevara visitaría su tierra natal, además de que su visita nunca fue ocultada.

Esta visita a tierras argentinas causó un gran revuelo en la política de ese país, ya que el Ministro de Relaciones Exteriores renunció a su cargo alegando que la entrevista de los dos hombres se había montado sin tomarlo en cuenta, además de que la derecha argentina se sintió ofendida con la actitud de su presidente y meses después fue derrocado.

Ernesto Guevara viajó entonces a Brasil para reunirse con el presidente Quadros, quien en un intento de congraciarse con la izquierda de su país, condecoró al Che con la *Orden del Cruceiro del Sol*, pero esta acción fue letal para su mandato y le costó la presidencia. Como podemos ver, el paso del embajador cubano por estos países fue de fatales consecuencias para los presidentes en turno.

Pero no sólo las visitas estuvieron llenas de problemas, ya que los últimos días de su estancia en Punta del Este también fueron bastante problemáticos y estuvieron a punto de costarle la vida, pues en un mitin organizado por los estudiantes de Montevideo se atentó contra su vida, y aunque salió ileso, muchos estudiantes salieron heridos y un profesor perdió la vida en el lugar.

Poco menos de un año después, el Che fue enviado de nuevo a la Unión Soviética con el fin de solicitar varios créditos, pero en lugar de eso, sólo recibió el ofrecimiento de ayuda militar ilimitada e incondicional. Este ofrecimiento le hizo pensar que podría, aunque en pequeña escala, hacer de Cuba una potencia militar, con lo que se comenzó la construcción de la base de mísiles que dio inicio al conflicto de Bahía de Cochinos.

Pero el conflicto llevaría a la URSS a desmantelar aquellas bases militares, lo que fue considerado por el Che como una traición y una burla hacia su persona, por lo que en las visitas posteriores a la Unión Soviética el que viajaría sería Fidel Castro, quien se declararía en completa apertura para reanudar las relaciones con los norteamericanos, además de manifestarse neutral en el conflicto que protagonizarían los chinos y los soviéticos.

Estos hechos harían pensar al Che que había llegado el momento de "exportar" la revolución y hace sus primeros intentos con Panamá, Nicaragua y República Dominicana hasta llegar a Haití. El resultado de estas empresas fue un saldo negativo para las aspiraciones del comandante Guevara, pero su férrea voluntad lo llevaría a pensar en su propia patria, aunque desecharía la idea poco tiempo después.

Sus ideales lo llevarían al Congo y de allí a Bolivia, olvidándose de Cuba y todo el esfuerzo que había hecho por ese país, pero el Che creía que todos los países tenían en esencia lo necesario para poder transformar su sociedad y gobierno, aunque esto le traería fatales consecuencias como lo veremos más adelante.

El Che durante sus misiones diplomáticas.

10

El Che vuelve a la guerrilla

Argentina

La experiencia vivida en Punta del Este había dejado como enseñanza al Che que era casi imposible que los países aceptaran coexistir con una Cuba socialista, por lo que era necesario provocar cambios en los gobiernos de los países para que fueran derrocados y poder implantar un régimen socialista en ellos.

Para esto le pidió a su amigo Ricardo Rojo que le expusiera la situación general en Argentina, pues desde la caída de Frondizi la situación política y económica del país gaucho se había deteriorado enormemente y se hallaba cerca del colapso. Esta plática se dio durante la visita de Rojo a Cuba cuando la crisis de Bahía de Cochinos.

Rojo trató de persuadir al Che de montar una operación en su país natal, ya que las fuerzas militares estaban muy bien conjuntadas y la situación era muy diferente a la que había encontrado en Cuba cuando comenzó la revolución, además de que seguramente Perón no regresaría de España para ponerse al frente del movimiento.

Pero la voluntad del Che era inamovible, estaba seguro que la deplorable situación económica de su país sería el punto frágil a atacar para lograr reunir muchos adeptos a su causa y así iniciar una revolución. Rojo tuvo que regresar a Nueva York, pero estaba plenamente convencido de que Guevara había de salirse con la suya y montaría una operación guerrillera en ese país, además de que estaba seguro de que aquel plan estaba destinado al fracaso y la vida de su amigo se hallaría seriamente comprometida.

Sin embargo, el Che siguió en su cargo al frente del Ministerio de la Industria en el que dejó grandes logros como la ley federal del trabajo y el sistema de salarios en el sector secundario, además de que en enero de 1964 logró firmar un acuerdo de ayuda técnica entre su país y la Unión Soviética, el cual había sido negociado por el mismo Fidel Castro en una visita anterior.

La fallida revolución en su país natal

Durante un viaje que relataremos un poco más adelante, el Che se encontró con Gustavo Roca quien le informó lo sucedido durante la fallida revolución argentina, estas noticias fueron un duro golpe para él, pero a continuación le expondremos el desarrollo de los acontecimientos en el país gaucho.

Jorge Massetti conoció al Che gracias a Rojo, quien le entregó una carta de recomendación en el año de 1958, por lo que tras viajar a Cuba llegó a Sierra Maestra donde

El Che dejó las labores diplomáticas para regresar a la pasión de su vida: la guerrilla.

debía entrevistarse con Guevara para realizar un reportaje para la emisora *El Mundo* de Argentina. La estancia de Massetti se prolongó por algún tiempo, permanencia que aprovechó para hacer una buena amistad con aquel compatriota que encabezaba entre otros la revolución cubana.

Al resultar victoriosa la revolución le fue encargada la misión de establecer una agencia de información en la Habana, cosa que le resultaría bastante difícil debido al recelo de sus colegas cubanos, pero sabía que no podía defraudar al Che. Con el tiempo la situación de Massetti en el país se volvió intolerable, pues la presión que ejercían los periodistas de ese país en su persona era ya demasiada.

Ernesto lo había apoyado y sostenido en el puesto por todo el tiempo que le había sido posible, pero las circunstancias ya eran otras y la vida de Massetti corría peligro, por lo que Guevara le aconsejó que renunciara para evitar un conflicto de mayores proporciones. Sin embargo, la relación laboral no dañó la relación personal, ya que Massetti seguía siendo invitado a todas las fiestas que ofrecía el Che.

Tras haber adquirido la idea de comenzar una guerrilla en su país, el Che confió a Massetti esta tarea, por lo que el nuevo líder se trasladó a La Paz, donde acompañado por algunos veteranos de la revolución cubana y exmilitantes de la guerrilla de Sierra Maestra comenzó a sondear y tantear el terreno.

La estrategia que llevarían a cabo se basaba en la creación de puntos de insurrección en los puntales Andinos, desde Argentina hasta Perú; pero el contexto general no era muy favorable, pues en Bolivia los movimientos armados a cargo de los campesinos habían ido decayendo desde la aprehensión de su líder, y en la frontera con Argentina los militares se hallaban muy bien apostados desde la caída de Frondizi.

Lo más probable era que el pueblo no acogiera la causa como propia restándole fuerza al movimiento, pero Massetti al igual que el Che era un hombre de ideas firmes, por no decir que era sumamente aferrado. Tras la creación del movimiento revolucionario llamó a su núcleo: *El Ejército Guerrillero del Pueblo*. Habían fijado su base de operaciones en Bolivia, en una pequeña hacienda donde brindaba el entrenamiento necesario a los participantes.

El número de guerrilleros no excedía la docena y casi todos ellos eran estudiantes nacionalistas o fugitivos del comunismo, pero aun así, Massetti decidió lanzarse a invadir tierras argentinas. Lograron cruzar la frontera y establecer su primer campamento en las orillas del río Pescado, donde lanzaron una proclama en la que se exigía la destitución del actual presidente argentino: Arturo Illía.

Pero aquel documento no había surtido el efecto que esperaban, pues el pueblo seguía realizando sus actividades cotidianas y no se había levantado para apoyar al movimiento, además de que los integrantes de aquella insipiente guerrilla se estaban aburriendo pues no había enemigo contra quien luchar; el mismo Massetti tuvo que emplearse a fondo para evitar la desintegración de su ejército. Sin embargo, una docena más de hombres decidió unírseles.

La inconformidad se había vuelto general, la idea de que todo sería diferente si el Che hubiera estado al frente de ellos era ya evidente, por lo que uno de ellos, Rotblat, quiso desistir, pero eso era algo que Massetti no podía consentir, así que le sentencio a la pena capital.

Pero la inactividad seguía siendo la rutina de todos los días, habían pasado ya más de cinco meses y el enemigo seguía brillando por su ausencia, las armas sólo eran utilizadas cuando alguno de los integrantes había intentado desertar, por lo que Massetti tuvo que resignarse y asumir otro tipo de estrategia.

El fin llegaría por medio de la traición de dos nuevos reclutas que habían llegado del 2 de marzo, pero en realidad no eran reclutas sino espías de la policía, por lo que cada movimiento que realizaban los guerrilleros siempre era frustrado por una emboscada. El asedio había llegado a tal extremo que uno de los grupos tuvo que rendirse para no morir por inanición.

En el mes de abril, dos de los revolucionarios habían atacado un puesto de la policía y habían asesinado a uno de los guardias, por lo que fueron buscados por todos lados y cuando los encontraron, fueron acribillados. Aquel había sido el único incidente armado en todo el "movimiento revolucionario". El mismo Massetti se internó en la selva y nunca más se supo nada de él. Con estos ridículos pero trágicos hechos se dio por terminado aquel intento de revolución en tierras argentinas, así como el tristemente célebre *Ejército Guerrillero del Pueblo*.

El intermedio diplomático

Si bien es cierto que las aportaciones de Ernesto Guevara en el terreno de la prevención social fueron importantes, más importantes fueron sus contribuciones en el terreno

de la diplomacia internacional, ya que logró importantes acuerdos para asegurar la sobrevivencia del régimen socialista en Cuba.

Visitó Ginebra como delegado cubano en marzo de 1964 durante la Conferencia Mundial para el Comercio y el Desarrollo, la cual

La intensa labor diplomática del Che fue determinante para lograr el completo establecimiento del régimen de Cuba.

había sido organizada por la Organización de las Naciones Unidas (ONU). Durante esta reunión puso de manifiesto los peligros que significaba el incremento de capitales extranjeros cuando llegan a dominar la economía interna de un país en vías de desarrollo, lo cual se ha presentado en varias ocasiones últimamente.

Tras abandonar la cumbre de Ginebra, el Che se dirigió a París donde cerró un importante trato comercial para Cuba, posteriormente salió para Argel, donde el presidente de aquella nación africana le prometió que intercedería por Cuba para que restableciera sus relaciones con Estados Unidos.

Ese mismo año regresó a Moscú para la celebración de la revolución bolchevique, pero el motivo de su viaje era otro, ya que los soviéticos y los norteamericanos se habían estado reuniendo por lo que el gobierno cubano temía que si se presentaba otro conflicto con los Estados Unidos, la URSS permanecería ajena y los abandonaría a su suerte.

Tras haber asegurado la posición de su país ante la URSS en diciembre de 1964, viajó a Nueva York y de allí al continente africano, mientras que el plan inicial era regresar a la Habana inmediatamente después de la visita a los soviéticos, pero no regresaría a Cuba hasta después de casi tres meses. En diciembre de 1965 regresaría a Nueva York para asistir a la Asamblea General de la ONU.

En dicha Asamblea declaró que la URSS no brindaba garantías a Cuba, por lo que debería seguir en la búsqueda de un modo de coexistir con los demás países, además de que pensaba que la revolución de los países latinoamericanos habría de solucionar los problemas de los mismos sin requerir la ayuda de los Estados Unidos.

Volvió a viajar a Argel, donde se entrevistó con el presidente Ben Bella y le expuso la creación de un frente socialista ajeno a la URSS cuya formación sería al margen del pacto de Varsovia. De ese país viajó a Mali, donde volvió a intentar convencer al gobierno local del carácter antiimperialista del gobierno cubano. En Brazzaville logró convencer al presidente de que se enfrentara a los imperialistas, para lo cual deberían ponerse bajo las ordenes de Argel.

Poco tiempo después se dirigió a Guinea donde permaneció algunos días para después partir hacia Ghana donde dio un discurso acerca de las benéficas posibilidades de unificar una lucha entre Asia, África y Latinoamérica en contra del neocolonialismo. Inmediatamente después prosiguió su viaje, ahora con destino a Porto Novo, donde recibió un aviso de Fidel que le hizo detener sus actividades propagandistas.

El mensaje le indicaba partir hacia París donde le esperaba Cienfuegos. A su llegada se reunió con él y allí recibió graves noticias, pues la URSS había entrado en conflicto con China; así que lo que procedía era tomar un avión y partir hacia Pekín para intentar mediar entre los dos países.

Sin embargo, el viaje había resultado infructuoso ya que no pudieron arreglar nada y la guerra fría entre los dos países seguía latente, pero el viaje del Che a París había resultado más trágico para él, ya que en la capital francesa se había entrevistado con un antiguo compañero del colegio *Deán Funes*, un abogado de nombre Gustavo Roca, quien le puso al tanto del destino de la guerrilla argentina.

Aquel movimiento había sido instado por el Che y organizado por Jorge Masseti, pero las intenciones del movimiento no habían sido suficientes y fracasó, en el mismo perdió la vida Massetti. El Che siempre cargó con el remordimiento de no haber estado allí para ir a la cabeza de la guerrilla.

Aún con el pesar en su corazón había llegado el momento de volver a la campaña africana, por lo que viajó desde Pekín hasta Tanzania, El Cairo y de allí regresó a Argel. En El Cairo conoció a un personaje con un oscuro pasado en los inicios de la liberación africana, se trataba de Gaston Soumaliot. Aquel hombre era el responsable de haber declarado cuatro meses antes una República Popular del Congo en la localidad de Stanleyville.

Dicha localidad había sido destrozada por las fuerzas de la unión anglo-americano-belgas tan sólo dos meses antes, y esas tropas se encontraban al servicio del gobierno de Leopoldville. Pero no había sido una acción al azar pues las tropas de Soumaliot habían caído en abusos contra la población blanca y los indígenas que no estaban de acuerdo con la nueva República.

Tras haber sido derrocado, Soumaliot se fue a refugiar a El Cairo donde se había dispuesto a su servicio una suntuosa residencia. El Che estaba consciente de todos los atropellos que se cometían en esas latitudes, pero aún así creía que tenían posibilidades de salir adelante y ser independientes, además de sentir una gran simpatía por Soumaliot, quien era muy semejante a él en sus métodos.

Todo parece indicar que aquellos hombres se reunieron y fue el propio Soumaliot quien le pidió al Che que organizara una guerrilla en el Congo. Esta idea no le resultaba nada desagradable, pues recordemos que desde hacía algún tiempo venía acariciando la idea de retomar las armas y regresar a la lucha.

Sin embargo, regresó a Argel donde ofreció un discurso en el que reafirmaba la idea de que la independencia debía empezar por las entrañas de los países del tercer mundo apoyados por los países socialistas sin que estos recibieran nada a cambio, pues si esto no fuera así serían de la misma calaña que los países imperialistas.

Terminada su misión en Argel, el Che viajó a El Cairo y de allí a la Habana; se había declarado un ferviente antiimperialista y su estancia en Cuba la dedicaría a planear su curso de acción en el Congo Belga.

El Che durante uno de los pocos momentos libres que tenía durante su estancia en el Congo.

11

La salida de Cuba

l día 14 de marzo de 1965, el puerto aéreo de Rancho Boyeros se hallaba repleto de personajes importantes de la política cubana, todos ellos estaban reunidos por un mismo propósito, esperaban con ansia la llegada de Ernesto el Che Guevara, quien regresaba de su viaje por tierras africanas.

Entre los allí reunidos se encontraba su última esposa, la señora Mach de Guevara, así como Gustavo Roca, pero tuvieron que conformarse con saludarlo desde la lejanía, pues fue acaparado por Fidel quien se lo llevó para hablar con él urgentemente; la prisa con que había sido llevado no auguraba nada bueno.

La entrevista con Fidel duró más de cuarenta horas y el contenido es desconocido, pero tuvieron que haber hablado de algo grave que terminó con un gran disgusto entre ambos, pues el Che decidió marcharse de Cuba a las pocas semanas.

Pocas personas se habían percatado de la partida del Che de territorio cubano, en la prensa se seguían publicando artículos pasados, pero paulatinamente se iría dejando de mencionar el nombre del Che. En el exterior el silencio de este personaje era señal de preocupación, en especial para la CIA, que tenía un expediente completo sobre él y sabía que este silencio sólo podía significar que estaba tramando algo.

No obstante, este silencio tenía un motivo mucho más noble y a la vez triste, pues la muerte de su madre lo había reclamado, además de que tenía que recuperarse de aquella gran pérdida. Su madre se había internado en el hospital debido a fuertes dolores; al hacérsele la revisión médica y los análisis se descubrió que tenía cáncer, además de que los médicos le diagnosticaron que le quedaba muy poco tiempo de vida.

Su amigo Ricardo Rojo fue el encargado de telefonear a Cuba para darle la noticia a Ernesto, pero la que contestó fue su esposa, quien le informó a Rojo que el Che estaba en Cuba pero que desconocía cuál era su paradero. El 18 de mayo, Doña Celia de la Serna cayó en coma y el fiel amigo del revolucionario mandó un telegrama dirigida al Ministro de Industria, pero tampoco tuvo respuesta.

Para el día 21 del mismo mes, la noticia del fallecimiento de la madre del Che era publicada en todos los diarios de la Habana, pero ni siquiera así hubo respuesta alguna del comandante Guevara, por lo que se comenzó a correr el rumor de que había fallecido o que se encontraba en prisión.

El puesto del Che al frente del Ministerio de Industria fue ocupado por Joaquín Hernández Armas, quien se había desempeñado como embajador de Cuba en México. El tiempo seguía su paso y no había señales de vida del Che Guevara. El mismo Fidel respondió a dos periodistas que si querían saber algo del Che que se lo preguntaran directamente al él.

Se aproximaba la celebración del doceavo aniversario de la revolución cubana y se comenzaron a colocar carteles con la efigie de los que habían caído o fallecido tiempo después de que habían contribuido con el movimiento, entre los rostros que se podían admirar en ellos se encontraba el del Che.

Lo anterior levantó una gran polémica, pues muchos opinaban que seguía vivo y encargado de asuntos relacionados con la economía cubana, pero la alusión a su muerte estaba marcada al incluirlo en los carteles; esto sólo significaba que estaba muerto. El 21 de agosto, el presidente del Gobierno de Reconstrucción Nacional de Santo Domingo, soltó una verdadera bomba en el ánimo del pueblo cubano.

El anuncio hecho por el dignatario afirmaba que el Che podía haber encontrado la muerte durante los primeros días de la revolución en República Dominicana, diez días después la noticia sería corroborada por los integrantes del Directorio Estudiantil Revolucionario, quienes afirmaban que había llegado a ese país el 29 de abril y que días después había caído muerto durante un combate callejero en Santo Domingo.

Pero esta información habría de ser impugnada por el gobierno colombiano, que estaban buscándolo en la zona costera de Uraba tras haber entrenado a un grupo de guerrilleros en la región de Chiriqui. Según ellos, la apariencia del Che había cambiado y ahora lucía sin barba y con anteojos.

La leyenda del Che estaba recibiendo una gran publicidad, pero su muerte estaba todavía lejos de ocurrir, además de que las diferencias personales con Fidel habían acrecentado el abismo que ahora los separaba, tanto así que llegó a pactar con países anticomunistas y olvidarse de la URSS.

Debido a esto, la Unión Soviética llamaba al Che un simpatizante de los chinos, ya que pensaba que Mao era el último vestigio del marxismo; pero para los chinos era todo lo contrario, ya que a su regreso a Cuba le propuso a Fidel que modelara el sistema económico de Cuba según las exigencias de la URSS.

Pero todo esto sería el preludio a su regreso a las armas, pues la revolución seguía fluyendo por sus venas, quemándole las entrañas, haciéndole sentir que cada minuto que pasaba lejos del campo de batalla era un minuto perdido y que no iba a recuperar.

La despedida del Che: ¿un testamento?

El 2 de octubre, Fidel dio un acalorado discurso en el que anunciaba la reestructuración del PURS, pero en la lista de nuevos cargos no se podía encontrar el nombre del Che por ningún lado, y al día siguiente el mismo Castro anunciaba la renuncia de Ernesto Guevara al partido, a su ciudadanía y su partida de la isla.

A continuación le ofrecemos la trascripción de dicho documento fechado el 1 de abril en la Habana:

Fidel:

En estos momentos recuerdo muchas cosas, como cuando te conocí en casa de María Antonia, cuando me invitaste a venir, de la preocupación de todos los preparativos. Cierto día, alguien nos preguntó a quién debían de informar en caso de muerte, y la realidad nos cayó de golpe. Después, constatamos que era verdad, en una revolución se encuentra la victoria o la muerte (siempre y cuando sea verdadera). En el largo camino a la victoria, se quedaron tendidos muchos amigos.

Hoy, todo es menos dramático, pues la madurez nos ha alcanzado, pero la historia regresa. Tengo la satisfacción de haber cumplido lo que a mi deber tocaba y me ataba a la revolución cubana en su territorio, por lo que ahora me despido de ti, de los compañeros, de tu pueblo, que ya es mío.

Renuncio de manera formal a mis cargos en la dirección del partido, al de Ministro, a mi grado de Comandante, a mi condición de cubano. Por lo que ningún asunto legal me tiene atado a Cuba, solo vínculos de la clase de los que no se pueden destruir con nombramientos.

Haciendo un recuento de mi vida, creo que trabajé con gran honradez y dedicación para lograr la consolidación del triunfo de la revolución. Mi único error grave es el de no haber depositado más mi confianza en tu persona desde los primeros momentos en Sierra Maestra, no haber entendido más rápidamente tu vocación de líder y revolucionario.

Mi vida ha sido maravillosa y a tu lado sentí el orgullo de ser parte de nuestro pueblo en los días oscuros y brillantes de la crisis del Caribe.

Pocas veces un estadista tuvo tanto lucimiento como en estos días. Es también mi orgullo el haberte seguido sin duda alguna, identificándome con tu ideología y apreciación de los peligros y los inicios.

Mis esfuerzos son reclamados en otras latitudes. Tengo la ventaja de poder hacer lo que a ti te está negado por la responsabilidad que el pueblo cubano te ha otorgado, y ha llegado la hora de separarnos.

Que conste que lo que hago lleva una mezcla de tristeza y alegría, en este lugar se queda lo más puro de mis esperanzas de reconstructor y lo más querido entre mis seres queridos, ahora dejo un pueblo que me aceptó como a un hijo; eso deja una cicatriz en mi espíritu. Orgulloso en los nuevos campos de batalla llevaré la nueva fe que me infundiste, el espíritu revolucionario de mi pueblo, el sentimiento de cumplir con el más sacro de los deberes: luchar en cualquier lugar contra el imperialismo; lo cual me alivia y cura con creces cualquier desgarradura.

Una vez más reitero que libero a Cuba de responsabilidad alguna, menos de la que de su ejemplo emane. Pues si la hora final me llega bajo otros cielos, mi último pensamiento será para este pueblo y especialmente para ti. Que te agradezco tus enseñanzas y ejemplo, a los que trataré de ser fiel hasta las últimas consecuencias de mis actos. Que siempre he estado identificado con la política exterior de nuestra revolución y siempre lo estaré. Que dondequiera que esté, sentiré la responsabilidad de ser revolucionario cubano, y como tal actuaré.

A mi mujer e hijos nada material les dejo y no me causa pena; me alegro que sea así. Pues no pido nada para ellos, ya que el estado le proveerá lo suficiente para vivir y educarse.

Hay muchas cosas que diría a ti y a nuestro pueblo, pero en realidad son innecesarias, no hay palabras que expresen lo que yo quisiera, y no vale la pena llenar de borronaduras las páginas.

Hasta la victoria siempre... ¡Patria o muerte!
Te abraza con todo el fervor revolucionario:
                                        Che.

Al terminar la lectura de la carta, Fidel hizo una invitación a los enemigos de la revolución a que sacaran sus propias conclusiones; la esposa del Che estuvo presente todo el acto, y aunque al inicio se le había brindado un aplauso, ahora se mostraba triste y meditabunda, su alma denotaba luto al igual que sus ropas.

La impresión general era que aquella carta de despedida era más un testamento que una misiva de despedida, pero parece que al Che le gustaba el tono dramático que imprimía en sus despedidas, esto lo podemos constatar en la última carta que envió a sus padres:

Muchos pensarán que soy un aventurero y en verdad lo soy... pero de una clase diferente. Soy de los que dejan la vida para demostrar su verdad. Posiblemente esto no sea el fin; en verdad no lo busco, pero entra dentro de un calculo lógico de posibilidades. Si fuera así, reciban mi último abrazo.

Sin embargo, la carta de despedida en Cuba era el desenlace lógico de una serie de conflictos con sus colegas desde el mismo momento en que la revolución había triunfado. Además de que el párrafo donde dice:

Mi único error grave es el de no haber depositado más mi confianza en tu persona desde los primeros momentos en Sierra Maestra, no haber entendido más rápidamente tu vocación de líder y revolucionario.

Es muy posible que haya sido añadido por el mismo Fidel Castro, pues muchos de sus allegados se niegan a reconocer que el Che se hubiera arrastrado de semejante manera. Sin embargo, los hijos del Che también recibieron una carta de despedida con el mismo estilo de su padre:

Queridos Hildita, Aleidita, Camilo, Celia y Ernesto. Seguramente leerán esta carta si no regreso junto a ustedes. Les costará mucho trabajo acordarse de mí y los más pequeños no me recorda-

rán en lo absoluto. Su padre es un hombre fiel a sus creencias; pueden estar seguros de que siempre ha sido fiel a sus convicciones. Sean buenos revolucionarios, estudien mucho para aprender la técnica que les permitirá dominar la naturaleza. Sean capaces de sentir en sus entrañas la injusticia que se cometa en cualquier lugar del mundo. Pues esta es la cualidad más valiosa y bella de un revolucionario.

Hasta siempre, niños. Espero volver a verlos.

Un gran beso y un abrazo muy fuerte de papá.

Estas palabras nos muestran y refuerzan el carácter solemne y drástico que caracterizaba al Che. El dramatismo que imprimió en sus palabras parece ser el de un condena-

El Che con los hijos de su segundo matrimonio de izquierda a derecha: Aleidita, Ernesto y Celia.

do a muerte, sin embargo, no temía a la muerte, es más, podemos aventurarnos a decir que estaba preparado, más no la buscaba. Simplemente seguía fiel a sus creencias hasta las últimas consecuencias. Estas cartas nos dan un excelente perfil psicológico de nuestro protagonista, además de permitir que nos adentremos en sus sentimientos y pensamientos al contemplar la idea de la muerte en campaña.

12

El Congo belga

Comienza una nueva aventura

l viaje al Congo es tema de polémica, ya que existen dos teorías: una que el viaje a esta nación había sido de acuerdo con Fidel, y otra que el viaje había sido por cuenta del comandante Guevara. Pero varios hechos nos indican, así como los testimonios de los más cercanos al Che, que el viaje había sido en completo contubernio con Fidel Castro.

Incluso el tiempo que había permanecido "perdido" había sido meticulosamente planeado por Manuel Piñeyro, quien era el director de la policía política cubana, y había sido un parapeto de las verdaderas actividades del Che. La CIA no se había equivocado, el silencio de Ernesto Guevara sólo podía significar problemas para ellos.

Es muy probable que el Che haya luchado con las fuerzas de Soumaliot y Mulele, quienes se enfrentaron a los mercenarios de Tshombe —enemigo del gobierno del Congo y posteriormente su presidente—, hasta que gracias a la intervención del coronel Mobutu fue derrotado.

Pero los acontecimientos tomarían otro matiz, ya que el Che se cambiaría del Congo Belga al Francés, además de la caída de Ben Bella, presidente de Argelia y la desaparición del panorama político por parte de Tshombe, quien además era la principal motivación para las fuerzas rebeldes.

El Che encaminó sus pasos hacia Brazzaville, donde las condiciones de lucha le parecieron más propicias para su persona, ya que los invasores eran muy diferentes a sus excompañeros de la anterior campaña y sus actuales compañeros eran fervientes socialistas.

El Che pensaba que su regreso a la isla de Cuba se prolongaría por mucho tiempo más, y así se lo hace saber a su hija Hilda, a quien el 15 de febrero le envió una carta para felicitarla por su décimo cumpleaños. Pero el destino tenía otros planes para el aventurero, ya que tras la Conferencia Tricontinental de países socialistas que se había celebrado en la Habana había sido apoyada la propuesta castrista de una coexistencia pacífica.

Los únicos que votaron en contra fueron los delegados chinos, a lo que Fidel respondió con una acusación de haber intentado un levantamiento de las fuerzas armadas de Cuba. Todo esto los llevó a un distanciamiento en sus relaciones. Pero la disputa entre los dos países tuvo repercusiones en el Congo, por lo que los gobernantes a los que el Che había ayudado, ahora habían recibido la orden de pedir a los demás regímenes socialistas la inmediata salida del comandante Guevara de esas tierras.

El Che se negó a ceder a las presiones de los gobernantes socialistas, pero el mismo Fidel envió a dos hombres hasta Brazzaville para convencer a Guevara de abandonar la zona y regresar a Cuba. Mientras en ese país, la opinión pública seguía intrigada por la ausencia del argentino, aunque la mayoría había aceptado la versión fabricada por el mismo gobierno cubano que hablaba de la muerte del Che.

La reaparición del Che

Durante una reunión plenaria de la Organización Latinoamericana de Solidaridad (OLAS), cuya creación había sido idea del propio Castro para dar solidez a su país dentro del ámbito de los países socialistas, y cuyo fin era organizar los diferentes planos de acción para los movimientos socialistas del continente americano, las noticias del Che se harían presentes por medio de una declaración desde Bolivia.

Pero tres meses antes, el capitán Osmani Cienfuegos dio a conocer una declaración del Che así como varias fotografías que desmentían el rumor de su presunta muerte. Esto era la señal de que el distanciamiento entre Castro y Guevara se había terminado, además de que el plan para crear un movimiento de guerrilla en Bolivia era plan de ambos hombres.

Sin embargo, existe una gran duda pues la supuesta declaración nunca fue aceptada por el Che como propia, además de que si había vuelto a creer en el régimen de Castro, seguramente debía ser porque los reproches que había hecho a Fidel ya eran parte del pasado, es decir que los había olvidado. Pero el punto más importante de todo esto es que el Che seguía sin aparecer en la faz del planeta.

Según algunas fuentes históricas, el Che sí regresó a Cuba, pero Fidel temía por su vida, además de que Fidel estaba fuertemente presionado por el hecho de que el frente prosoviético estaba muy cerca de hacerse de las riendas de la revolución cubana. La salud del comandante Guevara se hallaba fuertemente minada por los horrores que había vivido en las tierras africanas, donde había sido testigo de las tremendas costumbres canibalescas de los "soldados" de aquel continente.

Sin embargo, seguía preparando su regreso a las actividades guerrilleras en alguna parte de Latinoamérica; su apariencia física estaba cuidadosamente disimulada, por lo que su identidad era un secreto, además de que esta situación estaba siendo apoyada por los servicios de inteligencia cubana, esto le permite viajar por varios países del continente para entrevistarse con diferentes grupos subversivos.

Todo este esfuerzo conjunto de Cuba y el Che había rendido sus frutos, pues el movimiento estaba muy cercano a encontrar un destino, o quizá debíamos decir un blanco, por lo que en la decisión más importante en la vida del Che iba a ser tomada, formaría el movimiento de guerrilla en Bolivia.

Hasta el momento, las actividades secretas del Che en Cuba no han podido ser constatadas, pero muchas fuentes históricas así lo afirman, pero parece improbable que él hubiera dejado de lado su orgullo para regresar al país donde tantos conflictos le habían aquejado. Lo que sí podemos afirmar, es el efecto del tiempo perdido de Ernesto Guevara en la formación de su leyenda, la leyenda del guerrillero más célebre de la historia.

13

Cerca del final

Bolivia

En 1964 el panorama político de Bolivia había cambiado con la caída del gobierno de izquierda del presidente Paz Estensoro, debido a la miseria en la que vivía su pueblo, pues el desplome del mercado del estaño había ocasionado una gran taza de desempleo y crisis económica.

El encargado de asumir el poder de este país sería el general Rene Barrientos, quien reprimió a los empleados de

El general René Barrientos y su esposa.

la industria minera que pertenecían al partido comunista, pero logró hacerse de la simpatía del sector agrícola al respetar las reparticiones y acuerdos sobre tierras que había realizado su antecesor, por lo que los campesinos lo tenían como un benefactor.

La discreción que debía mantenerse sobre la identidad del Che lo obligaba a someterse a un itinerario sumamente agotador, pues viajó desde la Habana a Madrid, de Madrid a Sao Paulo, y de Sao Paulo a Puerto Suárez para dirigirse a Cochabamba, Bolivia.

El Che estaba acompañado por quince personas que habían formado parte de la columna su mando durante la revolución cubana; aquel grupo se identificaba con documen-

El Che estudia meticulosamente un plano durante sus días en Bolivia.

tos falsos y su llegada a este país se daría en diferentes fechas además de dividirse en cuatro grupos.

Es importante mencionar la existencia de un personaje vital durante la estancia del Che en Bolivia, se trata del señor Adolfo Mena, quien se identificó como enviado especial de la Organización de Estados Americanos. Su edad fue establecida en cuarenta y cinco años, su complexión era la de un hombre fuerte.

Aquel hombre estaba parcialmente calvo y utilizaba gafas muy gruesas; su visita en Bolivia se debía a que era necesario que realizara ciertas investigaciones sobre el estado real de la agricultura y ganadería en ese país. Tuvo que entrevistarse con varios funcionarios gubernamentales que le autorizaron el libre tránsito por el país, además de brindarle toda la documentación necesaria para iniciar sus investigaciones.

Aquel individuo viajaba en autobuses de línea y venía de Brasil, había marcado a Cochabamba como el lugar donde iniciaría sus actividades, curiosamente el mismo lugar donde se encontraban reunidos los colaboradores del Che; todos ellos sabían que el comandante ya se encontraba en Bolivia, pero ninguno de ellos se imaginaría que Ernesto Guevara se encontraba debajo de aquel poco llamativo señor Mena.

El disfraz del Che como el señor Mena había sido tan perfecto que sus colaboradores no lo podían reconocer; su llegada a Bolivia marcaba el final de la primera etapa del movimiento destinado a movilizar una guerrilla en este país. En el año de 1962 conoció a los hermanos Peredo.

Esta amistad le serviría durante su estancia en tierras bolivianas, por lo que se puso en contacto con Roberto Peredo, quien le aconsejaría la compra de una finca que se encontraba en un paraje casi desértico y por lo mismo casi intransitado, el nombre de este lugar era Nancahuazu.

Aquella finca era ideal para instalar en ella el centro de adiestramiento de los futuros combatientes, además de poder ser trabajada para alimentar a los guerrilleros. Era un terreno de más de mil doscientas hectáreas. El presupuesto total para el movimiento era de 75,000 dólares, el cual fue más que suficiente para comprar todo el material necesario para la guerrilla.

El plazo que se había fijado para el inicio de los enfrentamientos era de un año, pero las circunstancias harían que se redujera a la mitad, para ser más precisos el inicio se produciría en marzo de 1967. El primer problema al que se enfrentó Ramón, como ahora se hacía llamar el Che, fue el reclutamiento de los hombres, ya que no podía incluir en sus filas a los agricultores, por lo que se reducía el margen de acción.

El contingente armado estaba formado por el Che, el Chino, los hermanos Peredo, Laura Gutiérrez, "Tania", Moisés Guevara y Simón Cuba, todos ellos responsables directos del movimiento, además de cubanos veteranos de la revolución y trabajadores de la industria minera de Bolivia.

Pero el plan no podría ser completado como se había deseado, lo que pondría en peligro el éxito de la misión como veremos más adelante, pero por el momento podemos ofrecer un panorama general de la situación de la guerrilla boliviana. Para comenzar es difícil el precisar el número exacto de guerrilleros debido a las deserciones e incorporaciones que se sucedieron en ese periodo, pero a finales de 1966, cuando comenzaron los enfrentamientos, podemos hacer un conteo aproximado de 50 hombres.

Por otro lado, el plan de equipamiento que se habían trazado no pudo ser llevado a buen término, pero se estima que fue completado en un 70 %, pero la precipitación de los hechos no permitió que se cumpliera con estas metas. El otro aspecto era el apoyo de diferentes vertientes políticas y bélicas, por ejemplo, el viaje que realizó el Che antes de llegar a Bolivia tenía como finalidad el lograr apoyos de diferentes organizaciones bélicas extraoficiales que apoyarían el movimiento, además de que Cuba sería la central de inteligencia de la guerrilla; estas dos opciones habían sido cumplidas a la perfección, pero la siguiente sería un verdadero problema.

Este problema era el apoyo que debían recibir del Partido Comunista de Bolivia, pero el afán de protagonismo de su líder Mario Monje fue determinante en la cerrazón de este apoyo para la guerrilla, pues había solicitado al Che varias condiciones para poder apoyarlo, todas ellas eran para él y sus colaboradores quienes querían quedar bien acomodados tras el supuesto triunfo del movimiento.

El inicio de las hostilidades

Tal y como había sucedido en la fallida revolución argentina dirigida por Massetti, la inactividad estaba afectando a los guerrilleros, por lo que el Che ordenó una fuerte cantidad de actividades, así que los guerrilleros debían soportar las pesadas sesiones de acondicionamiento físico, adoctrinamiento y labores de agricultura.

Aquellos que tenían aptitudes para la comunicación eran adiestrados en el aprendizaje del dialecto de los aborígenes de la zona, el Quechua, con esto se pretendía que fueran los intérpretes del grupo. Otro aspecto que comenzaba a desmoralizar al contingente era la falta de alimentos, esto se debía a que el proveedor que se había contratado apenas envió dos cargamentos, y se dio a la fuga con el dinero que se le había pagado por adelantado.

Las deserciones no se hicieron esperar y generalmente se producían con la desaparición de armamento. Por otro lado las relaciones con los lugareños no eran nada buenas, por lo que se comenzó a correr el rumor de que los habían delatado. Este rumor fue confirmado cuando comenzaron a llegar las primeras patrullas militares a la zona.

Los hechos se precipitaron con la deserción de dos mineros el 16 de marzo. Estos individuos seguramente se entregaron a alguna de las patrullas militares, ya que el ejército recibió la orden de alarma general. Al día siguiente se produjo un ataque sorpresa al cuartel de la guerrilla, el cual estaba casi desierto ya que la mayoría se encontraba fuera. En este ataque murió un soldado y los guerrilleros que se encontraban allí, huyeron a esconderse.

La seriedad del asunto era sumamente grave pues el ejército los había localizado. Había llegado el momento de entrar en acción aunque los objetivos principales no se hubieran completado, sin embargo, la potencialidad del contingente armado estaba a buen nivel para lograr el éxito de la misión.

El Che decidió que era necesario atacar al ejército lo más pronto posible para que la recién adiestrada tropa adquiriera experiencia y se levantara la moral del grupo; así que el día 23 de marzo sorprenden a la mitad del río a una patrulla dirigida por el capitán Augusto Silva, quien se encontraba acompañado por uno de los traidores de nombre Epifanio Vargas. El ejército sufriría siete bajas y la captura de toda la patrulla, además de que el armamento que les confiscarían sería de gran utilidad para los guerrilleros.

La estrategia que seguían los guerrilleros era la acostumbrada por el Che, un ataque rápido y sorpresivo, captura de prisioneros militares, explicación sobre las intenciones de la guerrilla y su posterior liberación. Al haber realizado lo anterior, el contingente debía cambiar su ubicación, esto era realmente agotador debido a lo escabroso del terreno.

Mientras tanto, los soldados que habían sobrevivido al ataque se entrevistaban con el Estado Mayor de Bolivia para lograr salvarse del seguro castigo que les impondrían al saber la verdad. Los hombres decidieron mentir y exagerar el número de integrantes de la guerrilla, calculándolo en más de seiscientos elementos; el gobierno creyó las palabras de aquellos hombres y se preparó a enfrentar al numeroso "ejército" rebelde.

El gobierno de Barrientos tomó medidas precautorias y movilizó a dos divisiones completas para formar un cerco que rodearía la zona donde se habían producido los hechos, además de montar un campo de entrenamiento dirigido por dos "boinas verdes" de ejército norteamericano.

Políticamente el gobierno se había beneficiado con aquella intervención, pues el frente revolucionario que había ayudado a Barrientos a llegar al poder le había reiterado su incondicional apoyo, por otro lado, la confederación de campesinos se movilizó y formó pequeñas milicias para repeler a los extranjeros que habían venido a inquietar la paz de su país.

El 3 de abril, Ovando Candia retomaría el control del ejército y anunciaría que la guerrilla era un movimiento insignificante que sólo había afectado la región Sudeste sin alterar la vida pública en esa zona. El mismo día el Che ordenaría la división del contingente en dos comandos para dificultar las acciones del ejército boliviano.

Al mando del primero quedaría el Che, quien era acompañado por veinticinco hombres; el segundo era comandado por Juan de Acuña Núñez. Pero las dificultades se presentarían de nuevo, pues los dos grupos no podían comunicarse y sólo podían sacar conjeturas de la ubicación del otro por los reportes que vía radio emitían los militares.

Durante ese mes los dos comandos tuvieron mucha acción, por un lado, atacó la guarnición del Mezón con éxito, mientras que el Che y su grupo se apoderó de dos poblaciones cercanas a Tiraboy. El recuento final del mes dio una gran alegría en la guerrilla, pues el balance fue altamente positivo además de poner en ridículo al ejército con todo y su adiestramiento especializado recibido de los expertos norteamericanos.

Es importante mencionar el posible estado mental del Che durante la guerrilla boliviana, ya que sus ideas expuestas en un libro que escribió y que era como el manual del guerrillero perfecto titulado *Guerra de guerrillas*, habían fallado. Se hallaba en un punto en el que se arrepentía por no haber pensado en una solución alternativa para aquel problema, probando que la teoría son tan sólo palabras y se las lleva el viento.

Sus opciones se estaban acabando ya que las fronteras estaban copadas por soldados enemigos y los campesinos le habían dado la espalda. Una esperanza era que los partidarios de los grupos de oposición lo apoyaran y se sumaran a la lucha, pero esta esperanza era muy lejana.

Sus logros militares en Bolivia habían sido obtenidos a base de coraje más que por un bien logrado plan de acción; pero aún así los avances de su comando seguían siendo efectivos como lo demostró en Iripiti, donde lograron derrotar a los soldados, dando muerte en combate a 11 de ellos, 7 heridos y once más habían sido hechos prisioneros.

Con el grupo de la guerrilla había tres extranjeros, el francés Regis Debray, el argentino Ciro Bustos y el fotógrafo británico George Andrew Roth. El primero de ellos tenía una gran importancia en los planes de la guerrilla, ya que debía realizar un reportaje sobre el movimiento armado y el Che, el cual sería transmitido al mundo, pero el transmisor se descompuso.

Sin embargo, surgió la posibilidad de efectuar la transmisión en otro lado, pero el problema era cómo salir del cerco militar, por lo que el Che vio una posibilidad el 10 de abril tras su victoria sobre las fuerzas armadas de que los tres extranjeros pudieran escapar de allí, pero fueron capturados diez días después, los tres admitieron haber estado con la guerrilla pero a título periodístico.

El gobierno se dio cuenta de la importancia del francés y comenzó a interrogarlo fuertemente, pero Debray insistía en su inocencia, a pesar de esto se le había acusado de ser cómplice de los guerrilleros. El 18 de mayo, el coronel Serrudo declaró que el Che se encontraba al frente de la guerrilla, bajo el seudónimo de "comandante Ramón".

Esta declaración complicaba aún más la ya difícil situación de Debray, quien durante el juicio que se abrió en su contra seguía insistiendo en su inocencia, por lo que previa autorización le fue permitido ofrecer una conferencia de prensa en la que declaró haber llegado a Bolivia en marzo de 1967 con el fin de realizar un reportaje sobre la guerrilla, también negó haber estado con el Che Guevara.

Lo que aconteció al día siguiente es trascendental para el desarrollo de los hechos por venir y la futura muerte del Che, ya que ante el tribunal militar se leyó parte de la declaración firmada de Debray en la que había asentado que había estado en la guerrilla con Guevara. Este documento era la prueba de que Ernesto Guevara, alias el Che y el comandante Ramón, estaba en Bolivia.

El gobierno francés encabezado por el presidente Charles de Gaulle se interesó por el caso del periodista que se encontraba en Bolivia acusado de ser parte de un movimiento armado en contra del gobierno de Barrientos, y enviaron una carta donde pedían se les informara la suerte de él. El presidente Barrientos respondió con otra misiva, la cual expondremos a continuación:

Señor Presidente Charles de Gaulle:

Respondiendo a su carta fechada el 5 de mayo y que acabo de recibir, tengo que indicarle que el porvenir del ciudadano francés Regis Debray compete única y exclusivamente a la justicia de Bolivia.

Estoy seguro de que en su país y ante su generoso concepto, el señor Debray es considerado un joven y brillante estudiante universitario. Sin embargo, en Bolivia, desafortunadamente, sólo es un intruso subvertor implicado en el asesinato de veintisiete soldados, civiles y jefes de nuestras fuerzas armadas, y como teórico de la violencia para destruir el orden establecido.

Sus faltas perpetradas en la juventud no pueden, ni deben ser un escudo para protegerlo de las consecuencias de los desmanes realizados contra la humanidad, sociedad y la vida y seguridad de los habitantes de un pueblo pacífico como el que yo presido, y que vive dedicado a la existencia basada en la democracia y al desarrollo interno tratando de dejar atrás el pasado que ahora nos vuelve a recordar las bandas organizadas y mercenarios al servicio de intereses ajenos a los del pueblo boliviano.

La justicia de mi gobierno responde con cristiana civilización a la ley de traición y crimen con la que los extranjeros han desafiado la soberana voluntad de Bolivia, paralizando obras de desarrollo, acabando con valiosas vidas y sembrando luto y justa indignación.

Es mi creencia que el desagradable suceso que ahora compartimos no deberá perturbar las buenas relaciones existentes entre nuestros países, y le suplico que admita que, si para usted lo primero es Francia y los franceses, para mí Bolivia y los bolivianos están por encima de todo.

Crea, señor Presidente, en los sentimientos de mi más sincera y cordial consideración.

René Barrientos.

La información sobre las actividades del frente de batalla daba por sentado que el cerco militar se estaba cerrando y los guerrilleros iban a ser capturados de un momento a otro. Los enfrentamientos se hacían cada vez más frecuentes y la desesperación de los guerrilleros se tornaba más evidente. Los mismos norteamericanos estaban escépticos de aceptar la idea de que el Che estuviera en ese país, ya que la única prueba era el testimonio de Debray quien era amigo personal de Castro.

El 31 de agosto la guerrilla sufriría una baja importante, ya que en un enfrentamiento sería muerta "Tania", de quien se dice había sido un amor oculto del Che. Su verdadero nombre era Tamara Bunker Bider, bella mujer de origen argentino a quien Ernesto Guevara había conocido durante una visita a la República Democrática Alemana. Algunos de los historiadores afirman que era una espía enviada por Castro para vigilar todos los movimientos del comandante Guevara.

Cuando fue muerta su cuerpo cayó al río Masicuri y debido a la fuerte corriente fue arrastrada y encontrada cinco días después; en su mochila llevaba grabaciones de música oriental y una veintena de fotografías del Che. Esta nueva evidencia fue presentada para confirmar la presencia del revolucionario argentino en Bolivia.

El gobierno anunciaba de nueva cuentas que el cerco militar tenía encerrados a los guerrilleros en la región de Nancahuazi. La duda se había disipado y Barrientos afirmó públicamente que el Che se encontraba en ese país y dirigía las operaciones de la guerrilla. Esta afirmación dejo sorprendido a todo el continente, además de que Barrientos ofreció esa misma tarde una recompensa de 4,200 dólares a quien capturara vivo o muerto al comandante Guevara.

Esa misma noche, una noticia dejaría helada a la opinión pública mundial, ya que según varias agencias de noticias, el presidente Barrientos había informado que el Che había caído muerto en un combate esa misma tarde. Esta noticia estaba siendo confirmada al otro día por la mañana.

Sin embargo, Ovando Candia informaría en una conferencia de prensa realizada al día siguiente, que el Che seguía en Bolivia y estaba vivo. Se presentaron las fotografías que habían pertenecido a Tania y se les llamó "evidencia", pero para el pueblo carecían de validez, ya que se alegó que habían sido trucadas con el fin de lograr la ayuda económica de Estados Unidos.

Pero la suerte del Che habría de complicarse aún más, ya que corría el rumor de que estaba enfermo y carecía de medicamentos, además de que era trasladado en camilla debido a un severo ataque de asma. El día 9 de octubre se anunciaba que la captura del Che era inminente.

Ese mismo día se anunció que el Che había caído en combate y no había duda alguna, ya que el reporte militar informaba que entre los días 5 y 6 de octubre, en una zona próxima a la cordillera andina, los soldados que estaban persiguiendo a los guerrilleros se habían dividido en dos grupos, pero los rebeldes se habían dispersado en el monte.

Hasta el día 9 del mismo mes habían podido cercar a la guerrilla y comenzar la batalla cerca de un lugar llamado Higueras. Esta batalla dio inicio cerca de las dos de la tarde, pero varias horas después la confusión que reinaba en la zona todavía era grande.

Un reporte inicial indicaba que en el enfrentamiento habían muerto nueve personas entre guerrilleros y soldados, y aseguraba que entre éstos se encontraba el Che Guevara; esta información iba a ser confirmada por el jefe del Estado Mayor del Ejército, el coronel Marcos Vázquez, quien informaba que el comandante Ramón estaba muerto sin duda alguna, de esta manera se informaba que el Che Guevara había caído en combate.

Un puñado de soldados había terminado con la vida del revolucionario más representativo de la historia del continente americano, habían terminado con él cuando la enfermedad lo tenía postrado y débil, ¿existía algún mérito en haber acabado con la vida de un hombre postrado en una camilla? No es nuestro papel juzgarlos, ya que ellos, desde su punto de vista, estaban defendiendo la paz y soberanía de su país.

14

Una mirada al interior de la tragedia

Este capítulo estará dedicado a la reconstrucción de los últimos momentos del Che Guevara, lo cual podemos lograr gracias a los testimonios de Ricardo Rojo, los cuales relatan que cuando el ejército boliviano se enteró que el Che estaba al frente de la guerrilla, el acabar con el movimiento dejó de tener importancia y el acabar con la vida del Che se convirtió en el objetivo principal.

Era necesario acabar con él, ya que aunque la guerrilla fuera exterminada, si él seguía vivo era inminente que el movimiento volvería a brotar. Entonces la lucha tomó un matiz más personal, además de que los enfrentamientos se recrudecieron, los heridos y muertos eran pocos, pero los encuentros entre ejército y guerrilleros se estaban volviendo cada vez más frecuentes.

Los guerrilleros lograban importantes victorias como la del Mezón donde lograron dar muerte a dos soldados, después otros dos en Taperillas y en un segundo enfrentamiento cayeron tres soldados más y un oficial. Fue en esas fechas que el Che y los hermanos Peredo redactaron la que sería la primera declaración de su movimiento, en ella se adjudicaban el nombre de *Ejército de Liberación Nacional*.

Aquel documento apenas y fue tomado en cuenta en Bolivia, pero al filtrarse al extranjero causó furor en varios periódicos que inmediatamente lo publicaron, pero aún así, la idea que se tenía sobre el movimiento no cambiaría, pues según las tropas bolivianas los rebeldes estaban cercados y su captura era inminente.

En junio todo parecía tomar un destino diferente, pues se estaban reclutando a más hombres, se trataba de mineros que desesperados por su situación estaban dispuestos a luchar para lograr una mejor condición de vida para ellos y sus familias. El reforzado cuerpo militar logró tomar por sorpresa un puesto de policía en Llalagua, logrando liberar las zonas de Catavi y Hanuni, declarándolas zonas libres.

Pero pocos días después el ejército iniciaría una serie de represalias, la zona de San Juan fue el escenario de una cruenta batalla en la que resultaron muertos más de cuarenta mineros y cien más salieron heridos. Esta acción militar acabó con la débil esperanza del Che de recibir ayuda del pueblo boliviano.

Mientras tanto, los hombres del Che comenzaron un avance por toda la línea ferroviaria que une Yacuiba con Santa Cruz, en el trayecto encontraron resistencia del ejército, pero la finalidad de esa acción era la de demostrar que la revolución seguía de pie y bastante fuerte.

Al llegar a la carretera de Cochabamba-Santa Cruz la bloquearon, cortaron las comunicaciones telefónicas y se apoderaron del autocar. Gracias a esto último lograron entrar en Samaipata de manera motorizada, logrando someterla sin necesidad de disparar una sola bala.

Este triunfo logró su cometido, pues ahora toda Bolivia sabía de su existencia al poner en ridículo a las fuerzas armadas y gobierno boliviano, hecho que fue aprovechado por los opositores para atacar políticamente al presidente Barrientos.

Los guerrilleros acamparon cerca del río Morocós, pero el ejército aprovechó para atacarlos sorpresivamente. Este ataque tomó desprevenidos a los revolucionarios y perdieron una buena parte de sus provisiones y municiones. Con la sorpresiva reacción de ejército se marcaba el inicio de una temporada llena de conflictos para la causa del Che, que rara vez encontraría un momento de paz.

Sin embargo, las fuerzas del Che sufrirían un grave revés en el segundo comando a cargo de Núñez Acuña, pues cierto día en la zona de Vado del Yeso, le acompañaban todos sus hombres, que en total sumaban diecisiete; dos de ellos se aproximaron a una humilde choza para pedir algo de comer, la mujer que los recibió se apiadó de ellos y los complació, los hambrientos guerrilleros le dijeron que regresarían al otro día.

El hijo de la buena samaritana escuchó el comentario y corrió a dar aviso a los soldados, por lo que al día siguiente que regresaron los guerrilleros, apenas iban cruzando el río cuando los militares abrieron fuego sobre ellos, no sobrevivió ninguno de ellos, el mismo Núñez Acuña falleció en el acto. Los ocho que no habían entrado al río y lograron escapar, se encontraron con el ejército unos días después en Yajo Pampa y en el enfrentamiento murieron cuatro de ellos, los demás huyeron.

Había quedado eliminado el segundo comando, ahora sólo quedaban el Che y sus hombres, por lo que la única estrategia posible era la de escapar y continuar huyendo. Poco tiempo después se encontraron con las fuerzas armadas en Iquira, y en el enfrentamiento el Che perdió documentos de su diario personal, fue entonces cuando decidió que el ya reducido grupo se dividiera en varios subgrupos para lograr desplazarse con mayor rapidez, y al anochecer se reunirían en un punto previamente acordado.

El 8 de octubre, una campesina dio aviso al ejército de que había escuchado voces en el cañón del Churo, por lo que los militares enviaron patrullas de reconocimiento a ese lugar y lograron sorprender a los guerrilleros. En el enfrentamiento había resultado herido el Che, pero aún así siguió peleando, afortunadamente ninguno de los disparos de la ráfaga había lastimado órganos vitales.

Desdichadamente, su fuerza y velocidad no serían suficientes para lograr escapar del enemigo. Fue apresado y llevado a Higueras a doce kilómetros del lugar donde había sido capturado, ahora sólo le restaba esperar, lo cual hizo en una escuela rural donde había sido encerrado.

El 9 de octubre apenas había salido el sol cuando llegó la orden de fusilarlo inmediatamente. El encargado de cumplir aquella orden fue el capitán Prado, quien utilizando una ametralladora le dio muerte, para que después el coronel Selnich le diera el tiro de gracia. Así había acabado la leyenda del aventurero más célebre de nuestro continente.

Existen varias teorías o historias sobre quiénes fueron los autores del fusilamiento del Che; algunos historiadores aseguran que fueron los antes mencionados, pero otros afir-

El cadáver del Che es fotografiado por la prensa internacional, por fin era verdad que el guerrillero había muerto.

man que el suboficial Mario Terán y el sargento Bernardino Huanca fueron los autores del asesinato de Guevara.

El cuerpo acribillado del Che fue llevado a la localidad de Vallegrande, lugar desde el cual se hace el anuncio oficial de la muerte del guerrillero. Hasta este lugar llegaron representantes de los medios de comunicación, altos jefes del ejército boliviano y hasta agentes de la CIA, todos ellos corrían para poder constatar que en realidad fuera el cuerpo de Ernesto Guevara el que se encontraba en esa localidad.

Se han logrado conservar parte de los apuntes que realizó en su diario durante su estancia en Bolivia. La letra es horrible y confusa, lo que nos indica el estado de intranquilidad en el que pasó sus últimos días. Su muerte lo catapultó hacia las páginas de la historia forjando el mito del revolucionario invencible. La historia del argentino, médico, político, líder, pensador y ser humano no terminaba con su muerte, sino que apenas comenzaba.

15

Comienza la leyenda

Los problemas de su muerte

A pesar de que el cuerpo del Che había sido reconocido por varios elementos del ejército boliviano y agentes de la CIA, todavía no se tenía la certeza de que en realidad fuera su cadáver el que estaba tendido en Vallegrande. Todo esto se debía a la polémica que se había suscitado por su supuesta presencia en Bolivia, ya que unos la negaban y otros la corroboraban.

Esto dio lugar a las primeras investigaciones científicas para determinar la identidad del cadáver. El 15 de octubre varios expertos dactilógrafos analizarían las manos ya seccionadas del cuerpo y lograrían certificar la identidad del cadáver... En realidad era Ernesto Guevara de la Serna.

Por otro lado, en Cuba se difundía por medios televisivos un programa en el que Fidel Castro confirmaba la muerte de su amigo y colaborador, por lo que la opinión pública tuvo por cierta la noticia de la muerte del Che. Las causa de su muerte no fueron en realidad los impactos de bala que recibió cuando lo fusilaron, sino las complicaciones por las que el movimiento había pasado.

A continuación enumeraremos las complicaciones que causaron la derrota y muerte del Che:

- El plan debió precipitarse debido a la traición de desertores
- Los preparativos no llegarían a completarse al 100%

- La falta de ayuda por parte de los campesinos que apoyaban a Barrientos
- La traición del Partido Comunista de Bolivia
- La detención e interrogatorio del francés Regis Debray
- La intervención de la inteligencia norteamericana
- La mísera vida que habían llevado durante sus días de combate

Con todo lo anterior era difícil que el plan de la guerrilla fuera llevado a cabo con éxito. Sin embargo, no podemos negar la capacidad militar del Che, pues aún con todas estas dificultades y con todo en contra, logró anotarse varios triunfos militares a pesar del reducido número de sus tropas.

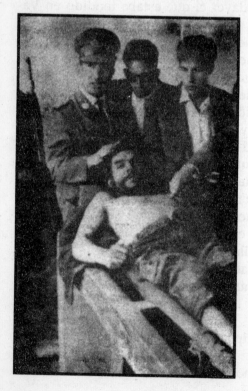

La muerte del Che planteó varias interrogantes que hasta la fecha no se han podido aclarar.

El mito

La presentación del cadáver del Che había sido de lo más despiadada y sin consideraciones. Habían dejado su torso desnudo para que se pudieran apreciar los orificios producidos por las balas; el rostro era sin duda una representación de lo que había sido su vida, uno que tras la muerte aún dejaba ver una mueca burlona, como si su muerte fuera una burla para el gobierno boliviano, como si hubiera adivinado los alcances históricos que su figura tomaría.

Su captura y muerte son el botín de unos cuantos, ya que entre los militares bolivianos existen varias historias sobre la caída del Che. Por ejemplo, el propio Ovando Candia relató que durante el enfrentamiento, Guevara había sido el primero en caer. Los soldados al ver el cuerpo lo habían recogido sin imaginarse de quién se trataba. Sin embargo, los guerrilleros atacaron con más fiereza.

El cuerpo estuvo tendido en el suelo sin que nadie supiera nada de él hasta que la lucha había cesado. Poco después el cuerpo fue recogido por un helicóptero, en él viajaba el mayor Niño de Guzmán, quien se dio cuenta de la identidad del herido y logró escuchar sus últimas palabras:

Yo soy el Ché Guevara... y he fracasado.

Esta versión difiere de la de Ricardo Rojo, pues no se sabe con certeza si murió en el helicóptero a causa de sus heridas o murió fusilado en Higueras. No obstante, la muerte del Che es un hecho que ha levantado tantas versiones que la verdad se ha perdido entre ellas. Algunas sostienen que lo fusilaron en cuanto fue reconocido; otras dicen que tras su captura se suscitó un gran desacuerdo entre los altos mandos militares, pues había quienes querían retenerlo vivo, y otros estaban conscientes de la necesidad de su muerte para acabar con todo el conflicto.

Existen también las que dudan de su muerte, pues afirman que llegó a un acuerdo con agentes de la CIA y le per-

mitieron permanecer vivo pero con otra identidad y aleja-
do de la política. Otras presentan a un Che indignado por
su captura que se dedica a maldecir y escupir a sus captores.

Sin embargo, la familia del Che se había reunido en Argentina y decidieron que Roberto Guevara, hermano del
difunto viajara a Bolivia a reconocer el cuerpo. Los hechos
que sucedieron a continuación ponen en tela de juicio la
muerte del Che, situándolo paradójicamente junto a grandes artistas a los que sus seguidores se niegan a reconocer
muertos e inventan todo tipo de leyendas para justificar su
partida.

Al llegar a la localidad de Vallegrande, el hermano del
Che solicitó ver el cuerpo, pero el gobierno le había informado que ya había sido incinerado y que sus cenizas se
encontraban en un lugar secreto, pero que algunos de sus
dedos habían sido mutilados antes para las investigaciones dactilográficas.

Otras versiones afirman que a la llegada de Roberto
Guevara se le avisó que el cuerpo ya había sido sepultado
por lo que se procedería a la exhumación del cadáver y a su
posterior incineración. Pero no se sabe si esa localidad boliviana tenía las instalaciones necesarias para una cremación
o tan sólo habían tendido el cadáver en el suelo y lo habían
rociado con gasolina para luego prenderle fuego.

A su regreso a Argentina, el hermano del Che declaró
que no podía afirmar con exactitud que el cadáver que los
reporteros internacionales que habían acudido a cubrir la
nota habían visto fuera el de su hermano. En sus comentarios llegó a afirmar que para él, todo aquello era un monta-
je para acabar con la revolución.

En Cuba, Fidel anunció por la televisión la muerte del
Che, quien era un querido ciudadano de ese país y funda-
dor de la revolución, pero cerró su comentario con una fra-
se que resultaba fuera de lugar:

El Che ha muerto... aunque su familia no lo crea.

Con la muerte del Che nació una de las más grandes leyendas dentro de la historia de Latinoamérica y su imagen seguirá encabezando cualquier movimiento de protesta.

Las muchas teorías e hipótesis

La muerte del Che deja una serie de dudas que no pueden ni deben pasarse por alto. Tal es el caso de Fidel Castro: ¿Estaba ajeno a la muerte del Che? Todo parece indicar que no era así.

Muchas hipótesis pretenden demostrar que el Che no murió en Bolivia sino en Cuba, y que Fidel tuvo algo que ver con su muerte. Pero aún si su muerte se hubiera producido en Bolivia, quedan todavía cabos sueltos, piezas del rompecabezas que faltan para poder completar una idea verídica de los hechos.

Otra teoría parece indicar que el Che no pretendía formar una guerrilla en Bolivia, sino que había acudido a ese país a establecer un campo de entrenamiento para futuros guerrilleros, que al alcanzar cierto nivel de desarrollo, fueron detectados y perseguidos hasta lograr su eliminación.

Esta teoría parece tener algo de sentido, pues la incursión de la guerrilla en Ipiriti fue con el motivo de conseguir medicinas, y si hubiera sido un movimiento de guerrilla como lo establece la historia, es ilógico pensar que un estratega tan brillante como lo era el Che, hubiera proseguido con un plan tan inestable como el que supuestamente tenía.

Existen varios hechos que le dan solidez a esta teoría. Por ejemplo, si hubiera sido un movimiento armado, al ser sorprendidos por primera vez en el campamento, éste no hubiera estado vacío, ya que resulta poco coherente que los guerrilleros hubieran estado de licencia.

Además la falta de actividad bélica del grupo indica que estaban en labores propias de entrenamiento, y la participación del Che en el lugar respondía a un rol de entrenador, como lo parece indicar en la carta dirigida a la OLAS.

Otra cuestión a considerar es hasta qué punto hubiera resultado el triunfo del Che en Bolivia una amenaza para Fidel. Imaginemos a un Guevara destituido de la Habana y a uno lleno de ilusiones de construir un país de acuerdo a sus lineamientos políticos.

Hubiera resultado un verdadero problema para Fidel, pues su papel en la política cubana había sido relegado por el cariño y reconocimiento que el pueblo sentía por el Che. Recordemos que ese es el motivo por el cual lo envió fuera del país en misiones diplomáticas en varias ocasiones.

El mismo Debray pudiera haber sido un espía al servicio de Castro, ya que en múltiples ocasiones se les vio juntos. Esto se complica debido a la exactitud de los pasos del francés al llegar a Bolivia; no estuvo buscando al Che, sino que llegó a investigar la localización de la zona donde se encontraba el campamento y hasta allí se desplazó.

Después, tras su captura, Debray pudo haber soltado la lengua de más accidentalmente, dando informes precisos de la localización y planes del guerrillero, ya que después de que fue apresado el ejército dejó de andar vagando sin rumbo fijo y se concentró en la zona del campamento de la guerrilla.

Otras corrientes comparan al Che con Jesucristo, capaz de acudir a salvar a los pueblos que sufrían la explotación del imperialismo. Incluso hubo quienes llegaron a atribuirle hechos milagrosos como curaciones.

Tras la muerte del Che, el mismo Fidel se apresuró a confirmar el fallecimiento de su "amigo", para lo cual permaneció por más de dos horas al aire en los medios de comunicación.

Esto lo mencionamos porque es muy posible que el Che hubiera muerto en la Habana en circunstancias sospechosas, pero Fidel y los servicios secretos cubanos nunca dieron a conocer la noticia, por lo que ellos mismos habían enviado a Bolivia documentación que probaría que el guerrillero se encontraba en ese país.

Ese engaño obedecía a la necesidad de Fidel de cubrirse las espaldas además de fortalecer el mito del Che en Latinoamérica, pero la CIA se había dado cuenta y echó por el suelo los planes de Cuba al afirmar que el comandante Ramón era el mismo Che Guevara, y de esta manera la pantalla que habían montado no se podía sostener por más tiempo.

Una prueba de esto es el testimonio de un reportero argentino de nombre Justo Piernes; él había sido el encargado de difundir la noticia de que Ramón era en realidad el Che. Cuando la noticia de su muerte comenzó a ser corroborada, Piernes y otros reporteros fueron llevados a Higueras donde estaba al cuerpo del guerrillero.

Al llegar después de haber recorrido un penoso camino, fueron puestos ante el cadáver. Cuando lo vio se dio cuenta inmediatamente de que no era el Che, sino que se trataba de un minero que tuvo por desgracia el llevar el mismo apellido. Pero la sorpresa no pararía allí, pues en otro salón al que fueron conducidos después, se hallaba sobre una mesa de mármol un cuerpo cubierto con una fina tela de color marrón, al destapar su cabeza pudo constatar que ese sí era el cuerpo de Guevara, y ya presentaba signos de haber sido conservado por algún tiempo.

¿Fidel habría ordenado la muerte del Che en tierras cubanas? ¿Cuál era el verdadero motivo de aquel engaño a la prensa internacional? ¿Murió en realidad el Che Guevara o sigue vivo en algún lugar del planeta? Todas estas preguntas tal vez nunca encuentren respuesta, pero eso es lo primordial en la formación de una leyenda, cierta dosis de misticismo y drama para crear un ambiente casi fantástico en torno del personaje, en torno de Ernesto el Che Guevara.

La leyenda

Tras la muerte del Che, las imágenes de su cadáver fueron impresas hasta el cansancio, y su asesinato había creado un mártir e icono de las ideologías revolucionarias en cualquier ámbito de la vida.

Su célebre retrato es una alusión a Cristo y se harían millones y millones de él cada año, decoración casi obligada de los dormitorios de cualquier universitario al lado de alguna chica con poca ropa o una estrella del rock, lo que nos da una idea del poder icnográfico de la imagen del Che.

Muy pronto dejó de ser una imagen de los jóvenes que ansiaban un cambio, como sucedió en el año de 1968 en todo el mundo, y se convirtió en parte de la moda. Incluso en este siglo sigue siendo un motivo de la plástica urbana de las principales ciudades del mundo así como las más alejadas de la civilización.

Así como la moda y el paisaje urbano se enriquecieron con la imagen del Che, el cine también realizó un homenaje al guerrillero, ya que en 1969 se produjo la película *Che*, el guionista de la cinta había sido Sy Bartlett, el protagonista fue Omar Shariff en el papel del Che, y Jack Palance como Fidel Castro.

Aquella cinta resultó ser todo un fracaso en taquilla, y ni siquiera se recuperó la inversión inicial para su producción. Quizá lo único rescatable fue el maquillaje que logró transformar a un Omar Shariff en un convincente Che Guevara.

Broadway también sacaría su tajada de la imagen del revolucionario cubano: el afamado director Tim Rice y el multigalardonado escritor Andrew Lloyd Webber pensaron en él cuando comenzaron a escribir la opera rock *Evita*, cuando un Che Guevara que narraba el desarrollo de la vida de la esposa de Perón era incluido en la trama.

Esta vez la imagen del Che habría de contribuir al éxito de la obra y logró romper records de asistencia, y en el año de 1996, la obra sería llevada a la pantalla grande con la cantante Maddonna en el papel principal y Antonio Banderas como el llamativo y seductor Che. Esta imagen del guerrillero contrastaba mucho con la realidad, ya que Ernesto Guevara era sumamente tímido en cuanto a los asuntos de mujeres se refería.

La literatura también había sido tocada por el intelecto del Che, ya que su libro *Guerra de guerrillas* se había convertido en un best seller y era leído en todas partes del mundo, desde la India hasta Nueva York. Las organizaciones terroristas consideraban este escrito como un texto obligado para todos sus miembros.

Sin embargo, el paso de los años y las continuas reevaluaciones de la leyenda ocasionaron que la imagen del Che Guevara como icono mesiánico fuera decayendo. Pero no va a desaparecer, pues cada niño que llega a la juventud encuentra en la figura del guerrillero un punto de relación con algún grupo social de su vida.

Su figura ha dejado de ser la del representante de la revolución o de los ideales políticos para convertirse en un elemento más de la cultura pop. Esto se puede constatar en las calles de Cuba, donde aún se pueden encontrar murales por todas partes adornando sus calles.

En pocas palabras, la imagen del Che se ha convertido en parte importante de nuestras vidas, ya sea de manera política o simplemente como un artículo de decoración en algún hogar. Lo que es innegable es la huella histórica que sus pasos por el mundo dejaron y cómo su herencia política dentro del socialismo sigue latente.

Ernesto "el Che" Guevara.

Cronología

1928

- Nacimiento del Che en la ciudad de Rosario, Argentina, el 6 de junio
- Inicia el segundo mandato del presidente argentino Irigoyen

1930

- La familia Guevara se muda a la provincia de Misiones
- Golpe de estado a cargo del general Félix Uriburu

1931

- La familia Guevara vuelve a cambiar de residencia, ahora a San Isidro en los alrededores de Buenos Aires
- Se diagnostica el asma crónico a Ernesto Guevara de la Serna

1932

- Nueva residencia de la familia Guevara en Alta Gracia
- Agustín Justo derroca a J. Félix Uriburu

1933

- Se firma en Río de Janeiro un tratado de no agresión entre los países Iberoamericanos
- Falla la revolución en Cuba
- Batista logra dar un golpe de estado en Cuba

1939

- Ernesto Guevara y su hermano Roberto escapan de su casa para ir a trabajar a un viñedo, pero tienen que regresar rápidamente debido a una indigestión causada por el excesivo consumo de uvas

1940

- Se crea la nueva constitución cubana y Batista asume la presidencia

1941

- Ernesto Guevara termina su educación primaria
- La familia Guevara vuelva a mudarse, ahora van a Córdoba

1943

- Perón se encuentra al frente del Departamento Nacional del Trabajo
- Se desata un golpe de estado en Argentina

1944

- Las elecciones en Cuba son presididas por Batista quien después se retira

1945

- Matrimonio de Perón con Eva Duarte

1946

- Juan D. Perón asume la presidencia de Argentina

1947

- Graduación de Bachillerato de Ernesto Guevara
- Ernesto Guevara comienza sus estudios de Medicina
- Los Guevara se mudan a Palermo en Buenos Aires a petición de Ernesto

1948

- Ernesto viaja a Alta Gracia para vacacionar con unos amigos

1950

- Ernesto realiza su famosa aventura en una bicicleta a la que le adapto un pequeño motor
- Ernesto monta en la cochera de su hogar un pequeño negocio de insecticidas

1951

- Guevara y su amigo, Alberto Granados, inician un viaje por Sudamérica, el plan inicial era llegar a la isla de Pascua para visitar una leprosería

1952

- Ernesto y Granados viajan por Chile, Perú, Colombia y llegan a Caracas
- Perón asume su segundo mandato y el fallecimiento de su esposa
- Batista da un nuevo golpe de estado en Cuba y es demandado por Fidel Castro ante el Tribunal de Garantías Constitucionales

1953

- Ernesto consigue la licenciatura en Medicina, además de presentar su tesis sobre enfermedades infecciosas y alergias
- Ernesto viaja a Venezuela y termina en Guatemala
- Se produce el infructuoso ataque al cuartel de Moncada en Cuba dirigido por Fidel Castro

1954

- Ernesto conoce en la ciudad de San José de Costa Rica, a los venezolanos Raúl Leoni y Rómulo Betancourt, junto con el dominicano Juan Bosch
- Ernesto llega a México

1955

- Ernesto contrae matrimonio en México con la peruana Hilda Gadea Onfalia, el padrino de la boda fue Raúl Castro
- Fidel Castro es liberado por una ley de amnistía promulgada por Batista, quien es reelegido
- Fidel Castro viaja a México y conoce al Che por medio de su hermano Raúl
- Golpe de estado en Argentina, Perón sale del país

1956

- En noviembre llegan varios cubanos a la playa de Colorados, entre ellos Fidel y Ernesto

1957

- Fidel y Ernesto además de sus guerrilleros dominan Sierra Maestra
- Frank País, líder del movimiento antibatistiano en la Habana, es capturado y fusilado

1958

- Se realizan emisiones de radio desde el territorio de "Cuba libre", en la Sierra Maestra
- Entran en Santiago el 25 de diciembre
- Batista sale huyendo del país y encuentra refugio en Santo Domingo
- El Che entra en la Habana el 3 de enero
- Frondizi es nombrado presidente de Argentina
- Fidel Castro entra en la Habana el 8 de enero
- El Che realiza sus primeros viajes al Cercano y Lejano Oriente
- Fidel Castro viaja a Estados Unidos y a Buenos Aires

1958

- El Che contrae matrimonio con Aleida March
- Ernesto Guevara es nombrado presidente del Banco Nacional

1960

- El Che escribe su libro *Guerra de guerrillas*
- Los Estados Unidos rompen relaciones con Cuba
- El Che escribe para la revista comunista *Verde Oliva*
- Ernesto viaja a varios países del área comunista
- Se firman los primeros acuerdos comerciales entre Cuba y la URSS

1961

- Fracaso de la invasión a Cuba en Bahía de Cochinos
- Ernesto Guevara es nombrado Ministro de Industria
- Ernesto Guevara asiste a Punta del Este, Uruguay, como delegado de Cuba

1962

- Se establecen bases rusas en Cuba, por lo que Kennedy ordena el bloqueo a ese país
- Se realiza un canje de prisioneros norteamericanos por cincuenta millones de dólares
- Los planes de industrialización para Cuba fracasan

1963

- Ernesto Guevara asiste a un seminario sobre planificación económica en Argel
- Ernesto Guevara se contacta con el Ejército de Liberación colombiano
- Massetti inicia la revolución Argentina a petición del Che

1964

- Ernesto Guevara viaja a Moscú donde asiste a la asamblea de la ONU
- Realiza una gira por varios países africanos
- Fidel Castro publica su libro *El partido Comunista*, cuyo prólogo es escrito por el Che

1965

- Ernesto Guevara sigue su viaje por el continente africano
- La madre del Che muere el 18 de mayo
- A su regreso a la capital cubana, Ernesto Guevara desaparece de la escena pública
- Regresa al continente africano

1966

- El Che regresa a Cuba
- La conferencia Tricontinental de países socialistas realiza su reunión en Cuba
- El Che Guevara organiza la guerrilla en Bolivia desde el mes de noviembre

1967

- El Che Guevara es capturado y fusilado en Bolivia
- Fidel Castro anuncia la muerte del Che por todos los medios de comunicación de su país
- La familia Guevara reclama el cuerpo del Che, pero se les comunica que ya había sido cremado
- Varios testigos niegan que el cuerpo del Che presentado ante la prensa internacional sea el del verdadero Ernesto Guevara
- Se certifica la identidad del cadáver por medio de estudios dactilográficos
- Nace la leyenda de Ernesto el Che Guevara.

La célebre fotografía del Che tomada por Alberto Korda.

TÍTULOS DE ESTA COLECCIÓN

Impreso en Offset Libra

Francisco I. Madero 31

San Miguel Iztacalco,

México, D.F.